JN159993

十一月蜂起とポーランド王国

山田朋子

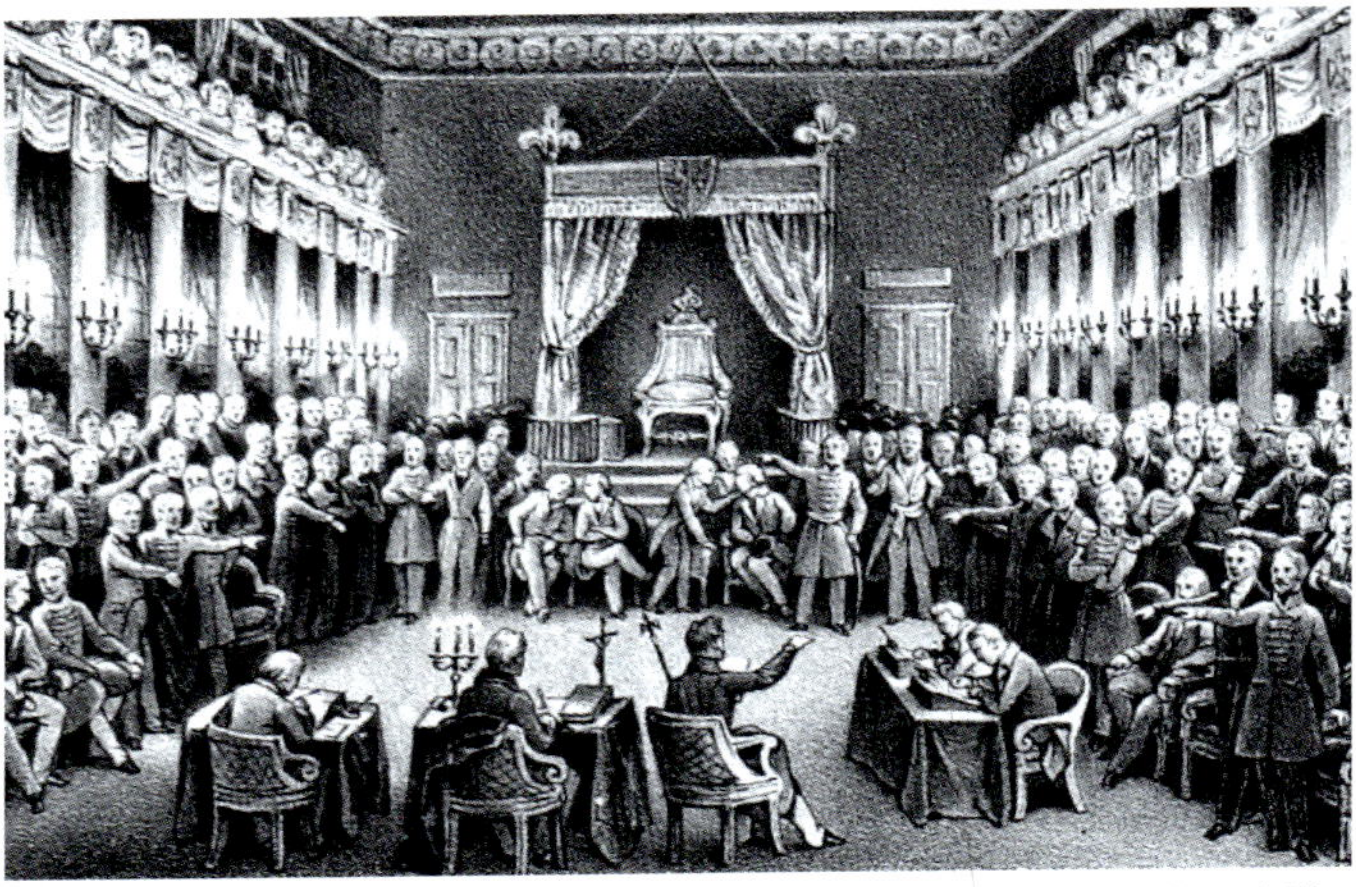

1. ニコライ一世廃位決議

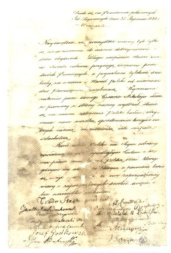

2. ニコライ一世廃位決議文書

3. ソヴィンスキ将軍の
最期

4. 国境を越える将兵

5. 大鎌を持つ蜂起兵

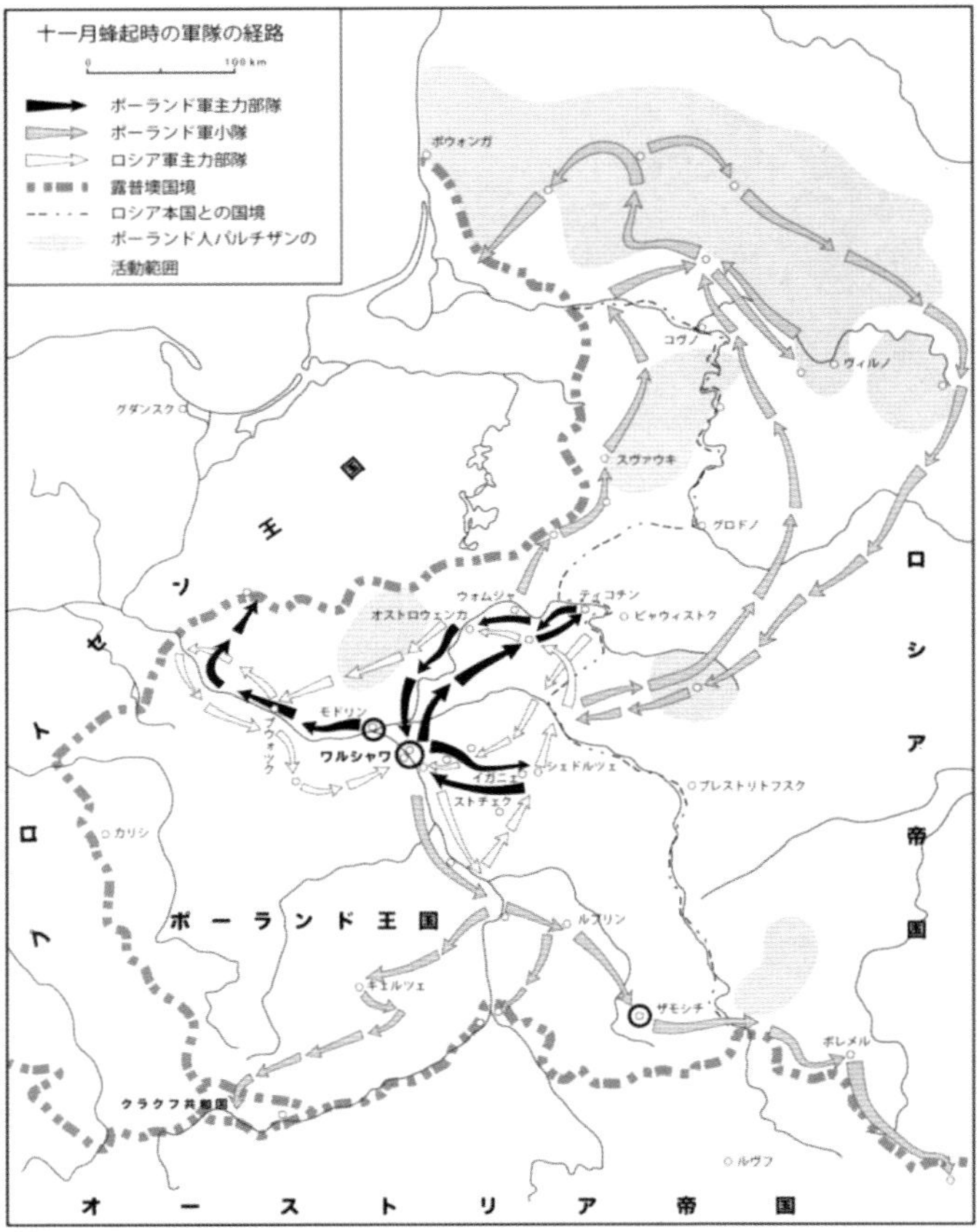

6. ポーランド王国と十一月蜂起　関連地図

十一月蜂起とポーランド王国　目次

はじめに

一八三一年秋、フレデリック・ショパンは滞在先のシュトゥットガルトで、ワルシャワ陥落の報を受け、故郷の家族を案じ、絶望の余りこう綴った。「おお神よ、お前か！　そこにいて、復讐をしないのか！　モスクワの犯罪がこれだけになってもまだ飽き足らないのか！　あるいは、おまえ自身がモスカル〔ロシア人のこと〕か！　かわいそうな父！　お人好しの父、まさか自分も腹をすかせ、母にパンを買ってやる金もないのだろうか！　まさか姉さんが、妹が、荒れ狂うモスクワの狂暴なならず者たちに屈してはいないだろうか」。そして不安と悲しみの中で、「革命のエチュード」と呼ばれるピアノ練習曲ハ短調作品第一〇－一二を作曲したとされる。

同じ年の九月、ワルシャワでは前年の十一月末から続く蜂起の最終局面を迎えていた。その蜂起とはどのようなものだったのか。ショパンのエピソードは有名だが、この曲の背景となった十一月蜂起については、日本では部分的に扱った研究や簡単な紹介があるものの、その概要が一般に知られているとは言い難い。

これに対してポーランドでは、この蜂起は、コシチューシコ蜂起や一月蜂起と並び、国家なき時代にポーランド人が民族意識を保つ拠り所となった重要な出来事とされる。歴史家アルトゥール・シリフィンスキは、十一月蜂起百周年にあたる一九三〇年十一月二九日に、次のように書いている。

「我が国の歴史において、十一月蜂起ほど、ポーランド語や外国語によって膨大な文献や回想録が編まれた事件はない。……十一月蜂起とは、わが民族にとって、次の世代が生存権をかけた戦いにおいて力を得るための、尽きることなき伝統の泉であった。自らの歴史を自らの手でつくらぬ民族は、民族でなくなる。占領国の歴史に自らの歴史を重ねる民族は、自らの民族意識や世界観を失う。十一月蜂起はそうした民族の死からポーランドを救った。」

シリフィンスキは、第一次大戦時にユゼフ・ピウスツキとともに独立国家回復のために戦い、独立後は政治家としても活躍した。シリフィンスキの著作も含め、十一月蜂起の叙述はその時々の政治状況に左右されてきたが、ポーランド人としてのアイデンティティに関わる重大事件の一つと捉えられていることは現在でも変わりはない。そのためポーランドでは、蜂起終結直後から膨大な研究が積み重ねられている。本書で利用したのはそのほんの一部にすぎないが、日本の読者にとってあまりなじみのない十一月蜂起の概要を、史料とあわせて多少なりとも紹介できれば幸いである。

第一章　ポーランド王国

国王アレクサンドル一世

一八一五年十一月十二日、ワルシャワを訪問したロシア皇帝アレクサンドル一世は、白馬に跨り、銀の刺繍を施した紺色のポーランドの軍服をまとい、着飾ったポーランドの軍人たちを従えて、大通りに現れた。群集の中から「我らの国王、アレクサンドル万歳」という大きな歓声があがった。

その三年近く前の一八一三年二月、ワルシャワはロシア軍に占領され、ナポレオンのもとで束の間の独立を享受したワルシャワ公国が倒れた。その後ロシア軍は、プロイセンやオーストリアの軍隊とともにナポレオン軍を追撃し、パリを占領した。そのさいパリに滞在していたアレクサンドル一世は、厳しい処罰を覚悟していたポーランド人に対して驚くほど寛大な態度を示したのである。ナポレオンに従ってパリに敗走してきた二万のポーランド人将兵に対し、武器と軍旗を携行しての帰国を許し、帰国にあたり弟のコンスタンチン大公の指揮下においた。さらにはポーランド軍の再編を許したのである。

1. アレクサンドル１世

また皇帝は、ポーランドの英雄タデウシュ・コシチューシコを呼び、「ポーランド人は故国を手にするだろう」と告げ、計画への協力を求めた。それは、かつてのポーランドを、ロシア皇帝を国王とするポーランド王国として復興させるというものであった。しかもその領域は「奪われた地」を含むというのであった。十八世紀末の国土分割時にロシア領となったリトアニアやウクライナ地方などのことをポーランド人は「奪われた地」と呼んでいた。その統合はその後うやむやになるが、この計画はポーランド人に国家復興の期待を抱かせるには十分であった。この時コシチューシコはアレクサンドル一世に対し、ポーランド人への恩赦と、一七七二年時の国境によるポーランドの再建、そして新国家に憲法を認めることなどを求めた。なお、コシチューシコはその後、皇帝の意図に疑念を抱き、ポーランドの地に戻ることなく一八一七年に生涯を終える。

それはともかくとして、ロシア皇帝を国王とするポーランド国家の復興計画は、アレクサンドル一世の側近であったポーランド人大貴族、アダム・イェジ・チャルトリスキが数年前に構想したものである。その計画はワルシャワ公国の設立によって実現の可能性が低くなっていたが、ナポレオン軍の敗退とともに再び注目された。この計画はウィーン会議の席で討議された結果、ロシアはワルシャワ公国のすべては無理だったものの、その大部分を手に入れることができ、そこにポーランド王国を設立したのである。ワルシャワ公国の他の部分はプロイセン領のポズナン大公国に、クラクフとその周辺地域はクラクフ共和国としてロシア・プロイセン・オーストリアの共同管理下に置かれることとなった。

チャルトリスキは王国設立について、「皇帝が我々を救った。ポーランドは独立か徹底的に潰されるかどちらかの選択を強いられたが、皇帝が妥協的解決を示したのだ」と手紙に書き、喜びを表している。アレクサンドル一世に対する尊敬と忠誠の念は、愛国者として知られるポーランド人の間にも広まった。「皇帝はわずか一年半でナポレオン支持者を自らの賛美者に変えた」と、元老院議員レオン・デムボフスキは書いている。

2. アダム・イェジ・チャルトリスキ

一八一五年六月二〇日、ロシア皇帝を国王とするポーランド王国の設立が宣言された。その面積は一二万八五〇〇平方キロメートル、翌年の人口は約三三〇万、うち七五％がポーランド人であった。王国には、独自の行政府、軍隊、そしてロシア本国にはない議会と憲法を持つことが認められた。また王国では、ポーランド語が公用語とされ、独自の貨幣が流通し、独自関税が認められた。住民はロシア本国に出かけるにもパスポートの携行が義務づけられた。要するに、国王がロシア皇帝ということとロシアと外交政策を同じくする点を除けば、ポーランド王国はほぼ独立国と言いうる状況となったのである。

王国の自治権は、同年十一月二七日発効の憲法に盛り込まれた。憲法草案の起草には、前述のチャルトリスキも関わっていた。一七七〇年にポーランドの名門大貴族の家に生まれた彼は、先進的教育を受けて育つ。祖国の危機を憂慮する愛国者であったが、第三次分割直前に人質のような形でペテルブルクに送られ、アレクサンドル一世の「若き友人」の一人となる。皇帝の厚い信頼を受けた彼は、ナポレオン時代にロシア帝国の外交顧問として活躍するとともに、皇帝をポーランド王国設立承認へと導いたのである。

ところで、王国憲法の草案は当初、一七九一年に起草された五月三日憲法とワルシャワ公国憲法を念頭におくリベラルな内容だった。だが、最終的にはアレクサンドル一世の意向が反映され、王権が強化されることとなる。王国憲法の内容は後に重大問題となるので、以下、その内容を概観しておこう。

ポーランド王国憲法

ポーランド王国憲法は七編、一六五条から成る。その特徴としてまず挙げられるのは、ポーランド王国の国王はロシア皇帝が兼ね、王国はロシア帝国に永久に結びつけられるという点である。王位はロシア皇帝が世襲し、王国の外交政策は帝国と同じものとなる。

第二の特徴は、王権が強く設定されている点である。統治権は、神聖不可侵の国王個人にある。国王は執行権を有する。さらに元老院議員や高位聖職者、大臣、上級官吏、県委員会の長、裁判官の任命権、ならびに貴族称号や恩赦の付与権を有する。国王は議会における予算決定や法の発令にも関わる。国王の不在時には総督がおかれる。

第三に、行政機関として国家評議会がおかれ、総督とともに公務にあたる。国家評議会は行政評議会と一般会議で構成される。行政評議会は、総督と五人の大臣（宗務・教育、法務、内務警察、軍務、財務の各委員会の長）および王の招いた人物から成る。一般会議は、王または総督が主催し、大臣や国家評議会員、調査官および王の招いた人物から成り、法案の作成や、官吏の職権乱用などの審査にあたる。なお、「王の招いた人物」が加えられたことによってロシア人側近の影響力が強まり、結果として国家評議会の権限が弱まる。

第四に、王と二院から成る議会は、国民を代表する。議会は二年に一回、三〇日間開催され、多数決が適用される。議会の招集と解散権は王が持つ。議会は、終身の議員から成る元老院と、選挙によって選ばれる代表から成る代議院に分かれる。王の任命を受けた高位聖職者や県知事などで構成される元老院の定数は、代議院の定数の半分以下とする（実際は六四名）。元老院議員の資格は三五歳以上、年額二千ズウォティ以上の納税者であり、彼らは議会法廷の構成員にもなる。

代議院は、地方議会で選ばれた議員七七名と共同体代表五一名の計一二八名（うち八名はワルシャワ代表）から成り、任期は各々六年である。地方議会の有権者は、三〇歳以上、年額百ズウォティ以上を納税するシュラフタ（貴族身分保持者）であり、共同体代表（非シュラフタ）枠の有権者は、土地所有者ないしは富裕な商人や職人、司祭や知識人などである。ただし実際には、一八二〇年の議会にみるように、代議院の非シュラフタ出身者は二割程度で、大部分はシュラフタで占められていた。それでも有権者は十万人以上を数え、当時のフランスの有権者数を上回っていた。

第五に、司法は三権分立を基本とする。法廷は、郡や県におかれた第一審および上告審、最高審、さらには、国家的犯罪を扱う議会法廷が設けられる。裁判官は王の任命によるが、その独立性は高い。

第六に、王国憲法には、法のもとでの平等、裁判によらぬ逮捕の禁止といった人身保護、私有財産の保障の他に、信仰の自由（カトリックは特別な保護下におく）および出版の自由などのリベラルな条項が盛り込まれている。これらの条項はしだいに侵害されていく。

このように、王国憲法はリベラルな性格を含みながらも、社会的不平等状態を否定するものではない。シュラフタの権利を優先する条項が含まれるうえ、賦役制下にある農民の隷属状態についてはふれられない。加えて、国民の約一割を占めるユダヤ人の法的差別についても言及されていないのである。

第七に、憲法にはポーランド人の国民性に配慮する条項が含まれる。公用語をポーランド語とし、軍人や役人をポーランド人あるいはポーランド人社会に同化した者のみとする。ポーランド独自の勲章の使用、などである。王国軍のヨーロッパ外への派遣禁止も定められている。

憲法の侵害

独立国家に近い権利を得たポーランド王国であったが、設立早々、ポーランド人を幻滅させるような出来事が次々と起きる。総督には、期待されていたチャルトリスキではなく、皇帝に忠実で老齢のユゼフ・ザヨンチェク将軍が据えられた。また皇帝の特別顧問として王国に着任したニコライ・ノヴォシリツェフは、王国の自治に批判的で、それを切り崩そうと画策する人物だった。さらに、王国軍司令官に皇帝の弟コンスタンチン大公が就任した。チャルトリスキはこの人選に異議を唱えたことが原因で皇帝の不興を買い、しばらく王国政治の表舞台から遠ざけられたとされる。

3. コンスタンチン大公

アレクサンドル一世の「リベラルで親ポーランド」的な態度も一八一八年前後から目にみえて変化する。その原因として、イタリアのカルボナリやドイツのブルシェンシャフト運動などの神聖同盟を脅かすような国外の動きが、またロシア国内では一八二〇年にエリート部隊セミョーノフスキー連隊の反乱が、皇帝の威信を傷つけていたことがあげられる。加えて、ロシア外相ネッセリローデや、カラムジンのような歴史学者が、皇帝の親ポーランド政策を批判していたことも影響していた。

ポーランド王国で目にした議会の様子も、専制政治に慣れたアレクサンドル一世の態度を硬化させる一因となった。代議員の中には「反対派」または「カリシ派」と呼ばれるリベラルな人々がおり、憲法遵守を掲げて意気込んでいた。ニェモヨフスキ兄弟を代表とするこの勢力は、議会において政府の出した婚姻法改正案や司法の独立性を制限する新法の導入案などを批判した。政府を公然と批判する議員の姿にアレクサンドル一世は「ヨーロッパに広まっている邪悪な精神」を感じ、議会の召集をためらうようになる。その結果、二年毎に開かれるはずの議会は、一八一八年と一八二〇年の後は一八二五年まで開かれず、その次に開かれたのは一八三〇年であった。なお、蜂起直前に開かれたこの時の議会では、「反対派」の議員四〇人が政府に憲法遵守を強く迫ったものの、結局、議会は新皇帝＝国王ニコライ一世に「憲法に記された我々の自由を保つ」よう請願するに留めた。

議会開催の他にも、憲法はしばしば侵害された。一八一九年には検閲制が導入され、出版の自由は踏みにじられた。新たに設けられた秘密警察の長には皇帝＝国王に忠実なポーランド人が据えられ、スパイ網が張り巡らされた。逮捕者が増え、活動は潰された。

王国軍の中では、軍司令官コンスタンチン大公に対する敵意が強まっていた。大公はポーランド人に同情的とみなされていたが、むら気で暴力的であり、気に入らぬ人物を解任するなど独断が目立った。また訓練より閲兵や行進を重視し、制服のボタンの掛け違えなどのささいな行為にさえ厳罰を科して将兵の恨みを買った。大公の言動が原因で自殺した将兵の数は四九人に及ぶという。そのうえ大公は、ザヨンチェクが没した一八二六年には総督の地位も兼ね、行政評議会に対する圧力を強めたのである。

反動的な政策は教育の場にも及んだ。一八一五年に宗務教育委員会長となったスタニスワフ・コストカ・ポトツキは、教会の力を抑え学校教育の拡充を図っていた。彼のもとでつくられた無料の初等学校の数は一八二一年に一二二二校、生徒数は三万七六二三人にのぼる。一八一六年にはワルシャワに大学が設立され、一八三〇年には一二五四人の卒業生を出した。しかし検閲制導入の翌一八二〇年、ポトツキは反教権的な著作を理由に解任された。その後、初等学校は有料化され、生徒数は激減した。

非合法組織

こうした状況下、分割前のポーランド国家に属していた地域のあちこちで非合法組織が結成された。それらはとくに都市部の学生や知識人が中心であった。ポーランド王国では一八一五年から三〇年にかけて二七の組織が作られたが、いずれも二、三十人規模で活動期間も短い。ワルシャワでは、一八一七年に大学生によって結成された「パンタコイナ」が活動していた。フランス革命に刺激された彼らは民族の自由と市民的権利を掲げ、ベルリンの学生組織とも交流があった。会員は二〇名程度だったが、警察の知る所となり一八二二年に解散した。

より大きな影響力を持ったのは、ルドヴィク・ピョントコフスキやクサヴェリ・ブロニコフスキらによって一八一九年に結成された「自由ポーランド人同盟」である。後にマウリツィ・モフナツキやヴィクトル・ヘルトマンらも参加したこの組織は、「自由なくして祖国なし」をスローガンに、リベラルで独立した国家再建を目標にかかげ、ポズナンやクラクフにも活動を広げた。機関誌も発行されたが、検閲により一八二一年に廃刊となり、幹部らも逮捕され、二年後に組織は解散した。

ワルシャワとともに非合法組織の中心地となったのは、リトアニアのヴィルノ（現ヴィリニュス）である。一八一七年にトマシュ・ザンやアダム・ミツキェヴィチらヴィルノ大学の学生が結成した「フィロマート」は当初、自学自習と社会貢献を目的に掲げていたが、次第に国家再建や社会改革を論じるようになる。一八二〇年には下部組織「フィラレート」が結成され、「祖国、学問、徳」をモットーに一八〇人近い会員を集めた。しかしその活動は警察の監視の及ぶ所となり、一八二三年には大学の学長や教授らも含む大量逮捕に繋がった。この時大学教授だった歴史家ヨアヒム・レレヴェルも職を解かれた一人である。ヴィルノ教育管区長だったチャルトリスキはその地位を解かれ、ノヴォシリツェフが後任となった。国民的詩人となるミツキェヴィチはこの時逮捕され、流刑に処された。彼の戯曲『父祖の祭り』は、この事件をモデルとしている。

ところで、当時のワルシャワには、軍人らの非合法組織も存在していた。第四歩兵連隊に属すヴァレリアン・ウカシンスキ少佐によって一八一九年に結成された「国民フリーメーソン」である。もっとも、フリーメーソンの組織自体はそれ以前からポーランド各地に存在していた。会員には大貴族や政治家も多く、その数は四千人にも達していたが、一八二一年に禁止された。「国民フリーメーソン」はこれとは別の、旧ワルシャワ公国軍に属していた将校らが中心になった組織であり、独立国家再建や愛国心の育成を目的としていた。しかし秘密警察の監視が及び逮捕の危険が迫ったため、ウカシンスキは組織をいったん解散したうえで、一八二一年に「愛国協会」と改称した。そこには知識人や学生らも加わり、ポズナンやヴィルノの地下組織とも結びつく全ポーランド的な組織となる。

　だが、愛国協会にも秘密警察の手が伸び、多数の会員が逮捕された。一八二二年にはウカシンスキも逮捕された。彼は一八二四年に軍事法廷にかけられ、コンスタンチン大公の圧力により九年の要塞禁固という重刑を宣告される。加えてウカシンスキは、公衆の面前で屈辱的な刑に処せられた。群集が取り囲む中、肩章や勲章を剥ぎ取られ、剣を折られた。囚人服を着せられ、頭髪を剃られ、手足には枷がつけられた。頭を上げて決然と立つ彼の姿は見る者の涙を誘った。彼はその後ロシアに連行され、亡くなるまでの通算四六年間を獄中で過ごすこととなる。一方、愛国協会の会員たちはウカシンスキ逮捕後、セヴェリン・クシジャノフスキらのもとで密かに活動を続けた。

4. ニコライ一世

　一八二五年のアレクサンドル一世の死とデカブリストの反乱、それに続くニコライ一世の即位によって、ポーランド王国にはさらなる暗雲がたち込めることになる。新皇帝はデカブリストの反乱鎮圧後、反乱関係者を厳しく追及した。追及を進めるうちに、デカブリストとワルシャワの愛国協会との結びつきが発覚した。一二八人の会員が拘束され、数か月に及ぶ取調べの結果、クシジャノフスキ、スタニスワフ・ソウテイク、コンスタンティ・デムベクらが有罪となった。コンスタンチン大公やノヴォシリツェフは彼らを軍事法廷にかけ厳罰に処そうとしたが、結局、元老院議員から成る議会法廷にかけられることになる。

一八二八年五月、議会法廷の長ピョートル・ビエリンスキは、被疑者に三年三カ月の禁固刑という軽い刑を科した。皇帝＝国王はこの判決に気を悪くしたものの、オスマン帝国との戦いの最中に事を荒立てたくなかったため、一八二九年三月に判決を渋々受け入れた。それどころかその二か月後、ニコライ一世は国王としての戴冠式をワルシャワでとり行った。しかし内心は、王国の自治権を奪うチャンスを狙っていたのである。

社会経済的背景

設立当初、ポーランド王国の財政はほぼ破綻状態にあった。戦争による国土の荒廃はひどく、復興資金は不足していた。外国からは賠償金支払いも課されたうえ、プロイセンの保護関税政策によって王国の農産物輸出は困難だった。またコンスタンチン大公が要求する王国軍の維持費は国庫の四割から五割を占めていた。こうした王国財政を立て直したのは、一八二一年に蔵相となったフランチシェク・クサヴェリ・ドルツキ゠ルベツキ（以下ルベツキと記する）である。彼は皇帝の信頼も厚く、増税と同時に緊縮財政をとって収入を増やし、王国工業を育成した。

ルベツキとともに王国の経済発展に尽力したのは、スタニスワフ・スタシッツである。彼は王国設立当初、政府委員会の鉱業開発部長として鉱業発展に力を注いだ。とくに王国南西部のスタロポルスキェ鉱業地域を再開発したうえ、新たに開発したドンブロヴァ鉱業地域にも多額の公費を投じ、先進技術を備えた炭鉱や高炉などをつくった。技術者養成のために鉱業専門学校も設立し、運河建設など交通網の整備にもあたった。

この頃、政府の殖産工業政策によって繊維工業も飛躍的に発展した。王国西部のズギエシなどの町に官立織物工場がつくられ、技術者や労働者が国の内外から集められた。そこにはプロイセンの高関税によって市場を失ったザクセンやプロイセンの職人が多数含まれていた。こうしてこの地域に、後に一大繊維工業地帯となるウッチ工業地帯の基礎が築かれたのである。

十一月蜂起の中心となるワルシャワは、一八二七年に一三万以上の人口を抱える王国随一の大都市であった。工業振興政策は、王国設立前から様々な産業部門が存在していることにも及んだ。金属工業や繊維工業では大工場が現われ、一八二〇年代には数百人の労働者を抱えるソレツの官立工場や、フレンケル工場などが稼働していた。一八二八年に設立されたポーランド銀行は、これらの政策を支えた。このように、蜂起前夜には都市や工業地域で好況が続き、戦災からの復興が進められていたのである。

これに対して、全人口の約八割が居住する農村の復興は遅かった。王国建国当初、戦災などからの復興や増税のために地主の負債は膨らみ、経営を圧迫していた。当時、地主の大部分はシュラフタと呼ばれる貴族身分であった。人口の約一割を占める彼らは代議院への議員選出権を有していたが、社会経済的には一様ではない。村をいくつも有する富裕な者もいる一方、農民と変わらない生活を送る貧しい者もいた。その中には、土地を離れて都市で知識人として生活する者も多かった。

貧窮化する地主がいる一方で、西欧から新農法や新技術を導入し経営を立て直そうとする先進的地主も現れていた。そうした地主はとりわけ王国西部地域に多く、前述の「カリシ派」の人々に代表される。彼らの中には、自領で地代を金納化したり、工業用作物を栽培したりする者も現れていた。なお、スタシッツをはじめ開明的な大貴族経営でも、地代の金納化が始められていた。経営の改善あるいは農業機械などの導入のために、富裕な地主たちは資金を出し合い、政府の援助も得て、一八二五年に土地信用協会を設立した。

政府の経済政策や地主の経営立て直しは、農民の負担を増した。世帯税や学校税などの直接税に加え、ルベツキが新たに導入した塩税は農民に大きな負担となった。とりわけ農民を苦しめていたのは賦役だった。王国憲法は農民に人身の自由を保障していたが、土地所有権がシュラフタにある以上、意味をなさなかった。一八二〇年代になると国有地で地代の金納化の試みが始まるが、国有地は全耕地面積の約二割にすぎず、しかも蜂起前夜に改革が行われていたのはその半分でしかなかった。それでもプロイセン領の農民解放（土地調整令）は、王国での実施を農民に期待させていた。

第二章　蜂起開始と政権樹立への模索

一八三〇年十一月二九日

　一八三〇年七月末、ウィーン体制を揺るがす大事件が起きた。パリで革命が起きたのである。八月にはパリの革命に刺激され、ベルギーでオランダからの独立戦争が始まった。シャルル十世の廃位の知らせに動揺し、警戒を強めていたニコライ一世が、その知らせを聞いたのは十月一七日である。ニコライ一世とオランダのオラニエ・ナッサウ家の王ヴィレムは従兄弟同士であった。ニコライはプロイセンやオーストリアに、ベルギーへの共同派兵を提案したが、両国の反応は冷淡だった。フランスの首相ラフィットは、ロシアにベルギーへの派兵を思いとどまるよう要請した。駐ワルシャワ・フランス領事ドゥランは本国の外相に、「ベルギーへのロシアによる軍事介入はフランスとの戦争を引き起こすだろう。……ポーランド人も友人との戦争に嫌悪感を示すのは明らかだ」と伝えている。イギリスも戦争を望んではいなかった。にもかかわらずニコライ一世は、「朕が潰したいのはベルギーだけではなく、革命そのものだ」と側近に告げ、ロシア軍とポーランド王国軍のベルギー派兵準備を命じた。

5. ピョートル・ヴィソツキ
（ジリンスキ画）

ワルシャワでは、人々は七月革命のニュースに活気づいていた。モフナツキは、「首都は水かさを増した河のようにどよめき、溢れんばかりに流れを強めていた」と書いている。若い将校たちは、再びフランス人とポーランド人が自由のために肩を並べて戦う日が来ると期待した。十一月蜂起の首謀者となるピョートル・ヴィソツキは、七月革命の知らせを聞き、「ワルシャワのほとんど全ての将校が私と同じ希望を持ったように思えた」と記している。一七九七年生まれの彼は、愛国的伝統の中で育ち、ワルシャワ士官学校で学んだ。その後、王国軍第四擲弾兵部隊に属し、士官学校の教官となる。実戦経験のない若い世代であるヴィソツキが、地下組織をつくったのは一八二八年十二月半ばである。史料［一］にあるように、彼は同年に起きたロシアとオスマン帝国との戦いを蜂起の好機とみなしたが、この時は決起を見送った。秘密警察の目を怖れたヴィソツキは、組織に名前さえつけていなかったが、愛国協会の人々と通じ、武装蜂起を計画していたことは確かである。

一八三〇年十一月半ば、ロシア軍とポーランド王国軍のベルギー派兵準備が整ったという情報が、ワルシャワの新聞に掲載された。ベルギー派兵はヴィソツキら愛国的将校にとって、かつてポーランド人を惨殺した「コサックとともに、自由のために戦う人々を殺しに行く」ことを意味していた。武装蜂起の日程が決められたのはこの頃とされる。

王国内外の動きも蜂起に好都合に思われた。決起前日の十一月二八日、イギリスで保守的なウェリントン内閣が倒れ、グレイ首相が組閣したとの情報が地下組織の幹部のもとに届いた。コシチューシコの友人であり、「ポーランド人の友人」と目されるグレイの首相就任は明るい知らせだった。しかもこの時、国王顧問のノヴォシリツェフはロシア本国にいてワルシャワにはおらず、二九日にはワルシャワに駐屯する王国軍の兵数がロシア本国軍を上回る（王国軍九八〇〇人、ロシア本国軍六五〇〇人）との情報も、決起に有利と思われた。

十一月二九日昼、ヴィソツキら地下組織の幹部は最後の会合を開き、計画の内容を確認した。ワルシャワを三つの地域に分け、南部をヴィソツキ、中心部をユゼフ・ザリフスキ、北部をピョートル・ウルバンスキが作戦の指揮をとることとした。南部地域には、現在は公園となっているワジェンキ地区がある。当時そこにはコンスタンチン大公の邸があり、そのすぐ傍に士官学校とロシア騎兵隊の兵舎があった。南部地域における任務は、大公邸の襲撃、ならびに蜂起を支持するポーランド人部隊の助けを借りてロシア騎兵隊を武装解除させることであった。ザリフスキ率いる中心部地域の任務は、武器庫の占拠、ならびにそれを阻むであろうヴォウィン連隊の牽制である。ウルバンスキ率いる北部地域の任務は、ヴィスワ河右岸のプラガ地区に駐屯するリトアニア連隊の武装解除と、左岸へと続く橋の占拠である。

ここまで決めておきながら、蜂起計画には作戦全体の責任者も、決起後のことも決められていなかった。彼らと親交のあったモフナツキは蜂起計画を聞き、決起後の政権について考えるよう促したが、聞き入れられなかった。ヴィソツキは、「無名の自分たちが政権を執っても、誰も従わないだろう」と考え、高名な愛国的軍人や政治家たちに決起後の政権運営を任せようとしたのである。モフナツキによれば、ヴィソツキは最後まで大公襲撃に難色を示していた。事実、計画では、大公を殺すのか、あるいは捕らえて人質にするだけなのかさえ定かでなかった。急進派の若者に人気のあった歴史家レレヴェルは、蜂起計画を事前に聞いたが、反対もしなければ助言もせず、カリシ派の議員と連絡をとる約束をしただけであった。蜂起計画の杜撰さは、後世の歴史家に大いに批判されるところである。

決起の日付は十一月二九日、時刻は十八時に定められた。ところが、行動開始の合図となるはずだったソレツ地区にある古い工場の火は、約束の時間の三〇分も前に点けられたうえ、すぐに消えてしまった。蜂起開始の知らせが仲間に伝わらない恐れがあったが、ヴィソツキは計画を変えなかった。十八時頃、ワジェンキ地区内にある南部地域における指定の集合場所（ヤン・ソビエスキ王像のある橋のたもと）に集まった者たちは、当初は十数名にすぎなかった。その中には武器を手にしたこともない民間人も含まれていた。周囲には何らかの非常事態を察した警備兵がうろつくなか、合図もないまま彼らはじりじりとして指示を待っていた。集合場所に遅れて到着したヴィソツキは、彼らとともにすぐ傍にある士官学校に行き、そこにあった武器を参加者に配った。そして彼は参加者を、大公襲撃に向かう集団と、大公の邸付近に駐屯する騎兵の攻撃から前者を守る集団の二つに分け、後者を自らが率いることとした。

二四名の大公襲撃組はさらに、邸の正面から侵入する者と、邸の裏で見張る者に分けられた。大公の住むヴェルデヴェル宮の警備は手薄だった。コンスタンチン大公は以前から地下組織についてかなり正確な情報を得ていたのにも関わらず、警備を怠っていたのである。正面突入組一八名は、「暴君に死を！」と叫びながら邸に突入し、多くの部屋を巡って大公を捜した。その時、大公は書斎で仮眠をとっていた。書斎の前にいた副市長ルボヴィツキは、叛徒が銃剣を持って入って来たのを見て叫び声をあげ、扉の向こうにいる大公に危険を知らせた。ルボヴィツキは銃剣で刺され、重傷を負った。危険を察した家令は大公を起こし、屋根裏の使用人部屋に導いた（モフナツキはこの場面を、大公が隠し階段を使って妻の部屋に逃げ込んだとして、大公の臆病さを強調している）。襲撃に参加したリッテルによれば、蜂起参加者は大公の寝室に駆け込んだが、大公はいなかった。その時、「短鼻は死んだ！」という声が聞こえた。参加者たちはそれを大公の事だと思った。また使用人らが重騎兵駐屯所に助けを求めに行ったので、集合場所に引き上げることにした。だが、殺されたのはゲンドレ将軍で、大公ではなかった。

その頃、ヴィソツキは士官学校に戻り、二階の講義中の教室で生徒たちにこう呼びかけていた。「復讐の時が来た！　今日、勝つか斃れるかのどちらかだ！　テルモピレー（古代ギリシャの戦争）を思い、敵を叩け！　階下に行き、武器をとれ！」数分後、一六一名の銃剣を持った者たちが士官学校の前に集まった。そして大公邸の傍にある重騎兵の兵舎に向かった。兵舎の庭では激しい戦いが繰り広げられた。数分後、「重騎兵と軽騎兵にとり囲まれた！」という声を聞いたヴィソツキは、急いで仲間とともに集合場所に引きあげた。敵に市の中心部への進軍を阻まれるのを恐れての事だった。集合場所で大公襲撃組と合流したヴィソツキらは、追手と戦いながら市の中心部に向けて進んだ。

士官学校生たちが聖アレクサンドル広場（現在のチシェフ・クシシュ広場）にさしかかった時、美しい栗毛の馬に乗ったスタニスワフ・ポトツキ将軍に出会った。将軍はコシチューシコ蜂起に参加しユゼフ・ポニャトフスキの副官となり、ナポレオンとともに闘った愛国者であったが、蜂起には反対だった。「将軍！　我らを導いて下さい」と、士官学校生らは敬愛する将軍に指揮を頼んだ。これに対しポトツキ将軍は、「子らよ。静まれ」と応じただけで、命令を仰ぐために大公のもとへと向かった。

その後、士官学校生らは蜂起の指揮を執ってくれそうな将軍を捜しながら、市の中心部へと向かった。学問愛好協会の建物の傍で彼らは、士官学校教官のスタニスワフ・トレンビツキ将軍に会った。ワルシャワ公国軍で活躍した実戦経験豊富な将軍に、士官学校生らは「私たちの指揮をとって下さい」と懇願したが、拒絶された。さらに進むと、総督邸に向かう二人の人影が見えた。軍務大臣マウリツィ・ハウケ将軍とマチシェフスキ砲兵隊長だった。前者は一八二四年にウカシンスキに重刑を科した人物である。士官学校生の一人が静止させようと将軍の馬の手綱をとろうとした時、砲兵隊長が生徒の足を銃で撃った。すると生徒の一団が二人を馬から引きずり下ろし、銃弾を浴びせ殺害した。

さらに、士官学校生たちはセナトルスキ通りで、劇場から馬車で帰宅途中のユゼフ・ノヴィツキ将軍を撃った。馬車の窓から聞いた名を、憎き「レヴィツキ」と聞き間違えてのことだった。その後、彼らはドウガ通りで再びトレンビツキ将軍に出会い、再度、将軍に指揮を執るよう懇願したが、「貴様らは卑劣な殺人者だ」と言われたので、殺害した。

この日、士官学校生らに殺害された将軍は他に、大公のもとから戻ってきた前述のポトツキ将軍に加え、トマシュ・シェミョントコフスキ将軍、イグナツィ・ブルメル将軍である。皆、蜂起に反対だった。事前の交渉もせず将軍たちの中に蜂起の指導者を見出そうとしたのは、ヴィソツキらの大きな誤りと言わざるを得ないだろう。

なお、ポトツキ将軍は殺害される前に、他の将軍らとともにコンスタンチン大公のもとに駆けつけ蜂起鎮圧命令を仰いだが、大公は「ポーランド人が始めたのだから、ポーランド人が片をつけるが良い」と言い、命令を下さなかった。多くの歴史家は、大公にはその日のうちに蜂起を鎮圧するチャンスが何度かあったとしている。トカシによれば、それにもかかわらず鎮圧命令を出さなかったのは大公の臆病な性格のせいである。ボルトノフスキは、鎮圧命令が王国軍の廃止に繋がりかねないと大公が懸念したためとする。この時のことについて大公は後にニコライ一世への手紙の中で、自分が極めて危険な立場にあり、自分を守ってくれるロシア人部隊が少なかったこと、「もし鎮圧命令を出せば、ポーランド人はすべてを我々のせいにしただろう」と書いている。ポトツキ将軍らが命を賭してまで大公に忠実であろうとしたことにはふれていない。事件に驚き、蜂起鎮圧の決断ができなかったというのが本音であろう。

一方、ウルバンスキ率いる蜂起勢力も北部地域で苦戦を強いられていた。プラガ地区に駐屯するリトアニア連隊の武装解除は困難だった。しかし、ヴィスワ河に架かる橋の制圧には成功した。

この頃、市の中心部地域の指揮を担っていたザリフスキは、近隣に駐屯するヴォウィン連隊が蜂起勢力鎮圧のために武器庫に近づいているとの情報を得た。そこで、ジカ通りの廃屋に火を点けて合図とし、蜂起参加者にできるだけ早く武器庫に来るよう伝令を送った。それを知った第四歩兵連隊に属す蜂起側の将校たちは、武器庫へと部隊を動かした。

市民も喧噪に巻き込まれていた。二十時頃、民間人蜂起参加者がスタレミャスト地区の家々や酒場を駆け回り、「ポーランド人よ、武器をとれ！ モスカレ〔ロシア人たち〕がワジェンキで士官学校生を殺している！」と叫んでいた。それに応えた職人や労働者などが外に飛び出し、道路を埋め、武器庫に向けて進み始めたのである。

武器庫のそばを友人たちと偶然通りかかった学生の証言がある。「第四歩兵連隊の一人の下士官が石炭置場の影からこちらに向かって、まるで誰かを打とうとするかのように銃床を振り上げてこう言った。『おい、武器庫の扉を壊しに行ってくれるか？ 俺たちはひといくさ終えたばかりだが、すぐにまた一個大隊と戦わねばならないのだ。だが、武器庫はまだ開かない。頼まれてくれるか？』……私たちは鋭く研いだ斧と鉈を肉屋から借りて、武器庫の扉に突進した。八分後、私たちは斧で扉に人が通れるくらいの大きな穴をあけた。第四歩兵連隊の一人の兵士が中に入り、巨大な錠を外し、扉を開けた。……広場に集まった人々はまだ少なく、クラシンスキ公園の方からは蜂起鎮圧部隊が近づいて来た。武器庫から武器を奪った人々が助けに来た。……武装した民間人の登場は兵士らをたいそう喜ばせ、元気づけた。第四歩兵連隊の将校らが私たちにこう言った。『ここには民間人は六〇人ほどしかいない。あと二千から三千は必要だ。頼む。行って、祖国を想う者を連れてきてくれ。』再びスタレミャストに使者が送られた。すると一時間もたたないうちに、数えきれないほどの群集が、銃や石を手にして武器庫に向かってきた。……中にはカービン銃を手にした女性の一団もいた。」聖職者や、ユダヤ人の男女もいたという証言もある。

その日、路上に繰り出した人数は三万とも四万とも言われる。そのほとんどが若者や徒弟、日雇い、家事奉公人などの貧しい人々であった。助けに駆けつけた第四歩兵連隊の将校たちは、民衆に称えられ、担ぎあげられた。一方、富裕な市民の蜂起参加者は少なかった。彼らは家の扉を固く閉ざしていた。歴史家バジコフスキによれば、それはワルシャワの市民に愛国心がなかったからではない。全く予期せぬこの夜の事件に驚き、警戒していたためである。

行政評議会の動き

前夜の興奮が冷めやらぬ十一月三〇日早朝、ワルシャワの街頭には行政評議会の二枚の貼り紙が現れた。「昨夜の悲しむべき出来事」にふれ、秩序回復を呼びかける貼り紙（史料［二］）は、怒った民衆にすぐに剥がされた。だが、もう一枚の貼り紙は人々の興味を惹いた。そこには、行政評議会の新たな構成員名が書かれており、その中にユゼフ・フウォピツキ将軍の名が含まれていたのである。彼は愛国者の象徴として人々に崇敬されていた。彼の名を聞いただけで、人々は胸を熱くしたという。一七七一年生まれのユゼフ・フウォピツキは、コシチューシコ蜂起やナポレオンとの戦争で数々の功績を挙げた歴戦の勇士であった。しかしポーランド王国軍に入ってからはコンスタンチン大公と折り合いが悪く、派手な喧嘩をしたあげく一八一八年に辞職した。その後は秘密警察の厳しい監視下におかれ、無為な生活をおくり、評判とは裏腹に、民族運動にも蜂起にも無関心になっていた。

このような人物を利用して事態の鎮静化を図ったのは、チャルトリスキとルベツキである。二人は三〇日午前二時、コンスタンチン大公のもとに駆けつけた。「これは反乱だ！　革命だ！」と叫ぶ大公に対し、二人は蜂起鎮圧命令を仰いだが、大公は、「私は何も命じない。私には関係ない。お前たちの好きなようにやるが良い」と言うばかりであった。大公の副官ヴワディスワフ・ザモイスキは後に、「この時ならば革命を潰すのは容易だったであろうに」と書いている。

コンスタンチン大公は矛盾にみちた性格の持ち主であると同時に、複雑な立場にあった。横柄な態度で人々を傷つける一方で、彼なりにポーランド人を愛していた。ポーランド人女性との身分違いの結婚によって帝位継承権を失った彼が、権力を振うことができたのはポーランド王国のみであった。アレクサンドル一世は、大公を副王にすることを考えていたという。それを知らずに即位したニコライ一世は、王国の自治を疎ましく思っていた。ニコライ一世は憲法を無視してオスマン帝国との戦争に王国軍を派遣しようとしたが、大公はそれに反対したうえ、ベルギー派兵にも消極的だった。しかしこうした大公の姿は、一般のポーランド人には知られていなかった。

さて、大公のもとから戻ったチャルトリスキとルベツキは、呆然自失の行政評議会議長に代わって政権の舵を握った。強硬な親露派の人々は解任され、ミハウ・ラジヴィウ、ミハウ・コハノフスキ、そしてフウォピツキが新たに評議会に加わることになった。だが、頼みの綱のフウォピツキはなかなかみつからなかった。やっと探し出された彼は、軍司令官になることを固辞した。軍司令官はコンスタンチン大公であるとし、「我々の三倍以上もあるロシア軍と戦えると思うとは、馬鹿げている。まだ死にたくない」と言うのだった。その場に居合わせたキツカ夫人によれば、「フウォピツキは苛立ちを隠さず、軍の指揮を執るのを拒んでいた。一方、窓の下に集まった群集は彼を軍司令官にするよう求めていた。行政評議会の人々は評議会に加わるよう詰めよった。フウォピツキは激怒し、眉を震わせ、下品な言葉で蜂起を罵った。……ニェムツェヴィチがフウォピツキをなだめ、説得し、民衆の声に耳を傾けるよう促し、しまいには彼の足元に身を投げ出して、祖国を救うよう懇願した。」それでも嫌がるフウォピツキに対しルベツキが、軍司令官に大幅な権限を与えると提案して説得し、やっと引き受けたのである。

愛国的な人々を納得させるための見せかけの人事は、他でも行われていた。同じ日、ワルシャワの新たな市長に選ばれたのは愛国者として知られる人物だった。だが彼は、蜂起反対派のトマシュ・ウビエンスキの言いなりだった。新たに結成された保安警備隊の指揮官は、ウビエンスキの弟だった。保安警備隊はワルシャワの治安維持を名目として結成されたが、彼らがまず行ったのは市民からの武

6. ヨアヒム・レレヴェル

器の回収であった。こうして蜂起の翌日から、蜂起を骨抜きにする政策が採られたのである。

　ところで、王宮には数人の議員が集まり、事態の収拾について議論していた。その席で、議会開催とともに行政評議会の改編要求が出された。これを受けて行政評議会では親露派が退けられ、代わりにチャルトリスキに近いレオン・デムボフスキとグスタフ・マワホフスキ、カリシ派のヴワディスワフ・オストロフスキ、そして急進的な若者に人気のあるレレヴェルが評議会の構成員となった。またチャルトリスキとルベツキを中心とする行政評議会執行部が組織された。これらの人選は、蜂起勢力に配慮し、新たな政府が「革命的」であることを宣伝するものであった。

　十二月二日、チャルトリスキら行政評議会の代表は、ワルシャワ郊外のヴェジヴノに護衛部隊とともに避難している大公のもとに赴いた。代表は大公に、今回の事件は、憲法の遵守およびポーランド王国へのリトアニアやウクライナの併合を求めて人々が起こしたものだと説明した。大公はこの説明を冷やかに聞いていたが、邸への襲撃は自分への殺人未遂を意味し、許すことは難しいと応えた。これに対しチャルトリスキは、この事件は愛国心ゆえに「誤って犯した罪」であるとして、大公に理解を求めた。さらに大公の処遇が検討された結果、大公はペテルブルクに戻ってニコライ一世を説得し、蜂起参加者に恩赦を与え、「起きたことすべてを水に流す」よう働きかけるということになった。

大公をワルシャワに留めておくべきという意見は代表の中にもあったが、結局、大公の身の安全を考えてロシア本国に帰還させることに決まった。後の歴史家の多くは、これを戦略上の大きな誤りとしている。

愛国協会の動き

十二月一日、蜂起側にも目立った動きが現れた。ヴィソツキの地下組織に属していた市民たち（モフナツキ、ルドヴィク・ナビエラク、クサヴェリ・ブロニコフスキら）が政治組織を結成したのである。レレヴェルが組織の名目上の会長となった。「愛国協会」または「革命クラブ」と呼ばれるこの組織は、蜂起を民衆革命と独立回復につなげようとしていた。ただし、自ら政権を奪取しようとはせずに、時の政権に圧力をかけて自らの要求を実現させようと考えていた。

翌二日、愛国協会は路上で行政評議会を批判する熱心なアジ演説を行った。それに同調した千人余りの人々が、銃や剣などの武器を持って銀行広場に集まり、行政評議会の建物を取り囲んだ。武装した群集に怖れをなした行政評議会の構成員は、モフナツキらデモ隊の代表一二人を建物の中に通した。彼らが行政評議会に出した要求とは、フウォピツキにロシアへの攻撃命令を即座に出させること、市

7. マウリツィ・モフナツキ

民の武装化、コンスタンチン大公を人質として王国に留めることとその護衛部隊の武装解除、蜂起体制の地方への拡大、蜂起に批判的な大臣や王国軍指揮官の解任などで、これらの要求が四八時間以内に実行されない時は、愛国協会のメンバーを行政評議会の中に入れることを求めた。

そうした「人民の要求」が大公の問題に及んだ時、大公のもとから戻ったばかりのチャルトリスキが穏やかに、「それは無理です。大公がこの事件をすべて忘れ、許すと言っているのだから」と応じた。するとモフナツキは声を荒げて、「ご冗談でしょう、閣下。我々が決起したのはポーランドの復活のためであって、革命の捕虜となった大公から恩赦を受けるためではありません」と叫んだ。チャルトリスキは人々の気迫に圧され、行政評議会で要求を検討すると約束した。

翌三日、いち早く蜂起側に着いたピョートル・シェンベク将軍が部隊を率いて、大公のいるヴェジヴノからワルシャワに到着した。彼が愛国協会の会員らとともにやって来るという噂を聞き、行政評議会の人々は顔色を失った。ルベツキただ一人が冷静で、時間を稼ぐために協会の要求をいったん受け入れてから行政評議会を解散し、その後再び政権を取り戻すという巧妙な提案をし、受け入れられた。その結果を受けて、愛国協会のモフナツキとブロニコフスキ、マフニツキ、プリフタの四人が行政評議会執行部に参加することが決まった。だが、それはほんのわずかな間にすぎなかった。

その頃、シェンベク部隊の到着がワルシャワの人々の熱狂を高めていた。民衆の間では、コンスタンチン大公がポーランド人部隊を無理やり引き留めているという噂が広まり、大公への憎しみが膨らんでいた。その時、誰からともなく、大公のもとに行ってポーランド人部隊を連れ戻そうと言う声があがった。それを聞いた群集は、シェンベク部隊とともに動き出した。その様子を見ていたフウォピツキは、騒ぎが起きるのを止めようとして馬に跨り、シェンベク将軍を追った。それを見た群集は、フウォピツキも蜂起側に着いたと思って喜び、兵らとともに大公のいる方向へと動き出したのである。

大公にとって幸運なことに、ちょうどその頃、大公のもとにいたポーランド人部隊が自発的にワルシャワ中心部へと向かっている所だった。彼らは向こうからやって来る群集とウヤズドフスキ通りで出会った。群集は喜んで、「ポーランド軍万歳！」と叫んだ。

一方、コンスタンチン大公は、七千の将兵を引き連れてロシア本国へと続く国境に向かった。

独裁官フウォピツキ

大公が悠然とポーランド王国を離れたという知らせは、民衆を憤激させた。しかしそれを許した政府を批判しようにも、行政評議会はすでに解散手続きに入っていた。行政評議会に代わって新たに政権を担うこととなったのが臨時政府である。政府には首相チャルトリスキのほかに、ルドヴィク・パ

8. ユゼフ・フウォピツキ

ツツ、ユリアン・ウルシン・ニェムツェヴィチ、ヴワディスワフ・オストロフスキ、ミハウ・コハノフスキ、そしてレレヴェルが名を連ねていた。臨時政府という名称は革命を思わせるが、そこにはルベツキの画策で行政評議会執行部に入った愛国協会のメンバーは除かれていた。

　一方、政府から排除されたモフナツキは、軍司令官となったフウォピツキが蜂起を潰そうとしていることを見抜き、彼を除こうとしていた。これを知ったルベツキは、モフナツキらの動きを封じ込めようとして、配下の若い保守主義者たちを愛国協会の集会に潜り込ませた。集会でモフナツキの演説がフウォピツキ批判に及んだ時、多くの聴衆が怒り始めた。「皆さん、フウォピツキは革命を欺いているのです！」とモフナツキが叫んだ時、集会に参加していたルベツキの配下が一斉にサーベルを挙げて抗議した。「消えろ！ 消えてしまえ！」という声が響いた。その瞬間、灯りが消えたのを幸い、モフナツキはその場を離れた。その後しばらくの間、彼は身を隠すこととなる。

　翌十二月四日、臨時政府はコンスタンチン大公が王国を離れるのを認めた。加えて、一八三〇年六月に開かれた議会と同じ構成員による議会を十二月十八日に開催する布告を出した。

　十二月五日、臨時政府はフウォピツキを軍司令官に任命した。ところが、フウォピツキはチャルトリスキの命令を黙って聞くつもりはなかった。フウォピツキは臨時政府の決定を無視して勝手に独裁官を名乗り、民衆の前に姿を現したのである。フウォピツキによれば、「ローマの故事に倣い、祖国を危機から救うために絶対的な権限を振うことを決意した」のである。整列した軍隊を前に、馬に乗り、煌びやかな軍服を着て登場したフウォピツキは、民衆の歓喜の声に迎えられた。「ポーランド未だ滅びず」の歌が高らかに広場に響いた。「独裁官万歳！」という声が鳴り響き、フウォピツキは「祖国万歳！」と応じた。軍楽隊の演奏する愛国歌が流れた。

翌六日、フウォピツキは国民への声明を出した（史料〔三〕）。ただしこの声明には、国民に平静を呼びかける言葉はあっても、蜂起を讃える言葉はない。また独裁官を名乗ってはいても、その権限は不明瞭なうえ、自分の役割も一時的なものにすぎないとしている。

彼の行動をどう捉えるべきであろうか。ルベツキの差し金とする説もあるが、臨時政府に疑念を抱くフウォピツキ自身が、ロシアとの戦いを阻むために自ら独裁権を振うしかないと考えたという説もある。どちらにせよフウォピツキは、民衆の前では断固たる独裁官を演じながら、その裏で蜂起の動きを食い止めようとしていたのである。そして皇帝の理解を得るために、密かに部下をペテルブルクに派遣した。ニコライ一世から妥協を引き出そうとしていたのは、臨時政府も同様であった。政府の交渉役には、皇帝を個人的にも良く知るルベツキが選ばれた。代議員イェジェルスキも同行することになった。

その頃、巷では、リトアニアやウクライナ地方など、いわゆる「奪われた地」にまで蜂起を広める議論が活発になっていた。前述のように、ポーランド王国設立当初、アレクサンドル一世本人が王国の領域をこれらの地域に拡大するという意図を何度か漏らし、多くの人々に期待を抱かせていた。その期待が蜂起によって再び強まっていたのである。蜂起に反対するルベツキでさえ、皇帝からこの地域への王国憲法適用の承認を引き出せるのではないかと考えていた。将校の中には、ロシア軍の先手を打ってリトアニアに遠征すべしとする者もいた。

これに対してフウォピツキは、ロシアとの戦いを招きかねない要求を一切否定していた。反面、独裁官として、王国軍の増強を望む声を全く無視することもできなくなっていた。そこで各県ごとに退役軍人を招集し予備軍をつくるなど、王国軍の改編に着手した。しかしその一方で、蜂起勢力を潰そうともしていたのである。蜂起の拠点となった士官学校を閉鎖し、ヴィソツキら蜂起の中心となった将校らを遠方に配置換えして冷遇した。そして愛国協会の人々を「アナーキストのジャコバン」として徹底的に排除しようとした。フウォピツキはニコライ一世への手紙（十二月十日）で、「嘘八百で騒ぎを起こす者を取り締まるために政権を執ることにしました。……新政権は秩序を取り戻します」と書いている。

議会の招集

さて、蜂起の熱狂にわくワルシャワには、十二月十八日の議会開催を前にして、王国中から議員が集まって来た。代議院議員の多くは蜂起支持者であり、独裁官に期待を寄せていた。一方、ニコライ一世が王国側に譲歩するつもりがないという情報を数日前に独自に得ていたフウォピツキは、議員らに対して乱暴に自分の意見をぶちまけた。「私は皇帝に忠誠を誓ったのだ。私はロシアから奪われた土地を取り戻そうとは思わない。また憲法も護られるだろうから、武力でそれを取り戻す必要もない。」その言葉に議員らは驚いたが、「独裁官は時をかせごうとしているのだ」と考え、ひとまず引き下がった。フウォピツキは議会開催を三日後に延ばそうとしたが、議会は臨時政府の承認を得て、予定通り十八日に開催された。

その日、議会は、「十一月二九日の革命はポーランド国民の意図したことであり、全国民はそこに参加した人々に謝意を表する」という内容の声明を出した。こうして議会は蜂起支持の姿勢を鮮明にしたのである。これに対してフウォピツキは、独裁官辞任を申し出た。しかし議員らは「最も有能な将軍を失う」ことを怖れ、彼を引き留めた。議長に選ばれたオストロフスキの仲介により、フウォピツキはさらに独裁官に留まることとなる。

十二月二一日、フウォピツキによって臨時政府は解散させられ、チャルトリスキ、オストロフスキ、レオン・デムボフスキ、ミハウ・ラジヴィウ、スタニスワフ・バジコフスキの五人から成る国民最高評議会が新たに結成された。軍務大臣となったバジコフスキは王国軍の強化を早急に進めようとした。

さて、この頃ルベツキはペテルブルクでやっとニコライ一世との謁見が許された。彼は皇帝に対し、王国議会への「奪われた地」代表の参加および王国に駐屯するロシア軍の撤退、十一月二九日の事件関係者の恩赦を要求するつもりであった。しかし皇帝の回答は厳しいものだった。それは、十一月二九日以前の政権しか認めず、王国の政策に関する一切の変更も行わないとする内容だった。ルベツキは皇帝に、この事件は王国憲法の遵守を求めて起きたとして理解を請うたが、皇帝は拒否した。皇帝の命に背くならば、戦いしかない。それも無条件降伏以外は認めない、という回答だった。

一八三一年一月七日にフウォピツキもまたロシアから帰国した部下から、ニコライ一世がポーランド王国に無条件降伏しか認めないとする報告を受けた。皇帝の妥協を期待していたフウォピツキはジレンマに陥った。皇帝の回答を知った国民最高評議会の意見は分かれた。チャルトリスキ、オストロフスキ、バジコフスキの三人は「交渉の希望は断たれた。イェジェルスキの報告も期待できない」としたが、残る二人はイェジェルスキの報告を待つべきだとした。フウォピツキは拳で机を叩き、「モスクワとの戦いはあり得ない」と叫んだ。

一月十三日に帰国したイェジェルスキからも、皇帝との交渉の決裂が伝えられた。三日後、フウォピツキは代議員らと会見し、独裁官を辞任する旨を伝えた。これに対し代議員らは、「独裁官ではなく軍司令官ではどうか」と、またもや引き留めた。するとフウォピツキは、「俺が司令官になったら、悪党になるぞ」と叫んだ。これを聞いたヤン・レドゥホフスキは、「貴様が司令官になりたくないと言うのなら、一兵卒としてぶちのめしてやる」と叫んだ。するとフウォピツキは、「何だと。その時はお前も一緒だ」と叫び、扉が壊れるほど蹴った。議員たちは説得を諦めるしかなかった。

一部始終を知った町のカフェでは、若者らが「ルベツキ出て行け！　フウォピツキ出て行け！」と叫びを挙げ、愛国協会はフウォピツキを革命裁判にかけるよう要求した。

ニコライ一世の国王廃位と国民政府樹立

ここで、当時のワルシャワの政治勢力を簡単にまとめておこう。まず、蜂起に反対する勢力があげられる。蜂起前にはロシア支配に甘んじ、分割権力に協力していた人々で、軍や行政府の上層部にいる大貴族に多い。彼らの中には蜂起開始後にロシアやプロイセンに逃げる者もいたが、多くは王国内に留まり、表向きは政府に協力姿勢を示しつつも、降伏を望んでいた。

第二に、チャルトリスキおよび彼に協力する保守派の人々である。彼らも上層に多いが、第一のグループと異なるのは、チャルトリスキが蜂起政権の中枢に入ると、彼の政策を支持し、交渉によって立憲体制の維持を皇帝から引き出そうとする点である。

第三に、議会内で「反対派」あるいは「カリシ派」とよばれる人々。富裕なシュラフタに多く、議会内で強い発言力を持つ。リベラルで憲法遵守を重視する。右派はチャルトリスキ派に近いが、左派には愛国協会と協力する者もいる。

第四に、愛国協会に代表される急進派の人々。ロシアとの徹底抗戦による国家独立を主張するが、一致した明確なプログラムは持たない。平等な社会を目指し、農民改革を重視するが、具体的方法は様々である。右派は蜂起政権の中での影響力拡大を目指すが、左派は社会主義的要求を掲げた。

この区分は確たる違いを示したものではなく、ルベツキのように第一と第二に跨る者や、後述のプロンジンスキのように第三と第四勢力に重なる者もいる。なお、「奪われた地」の王国への統合を期待する声は、第一グループ以外のほとんどにみられた。

話をフウォピツキの辞任後に戻そう。独裁官の廃止が決まった一八三一年一月十九日、議会が招集され、新しい指導体制について論じられた。それはロシアと戦うか、それともロシア支配に甘んじるかの選択を迫るものだった。元老院議員は概して戦いに及び腰だった。これに対して代議員の中から、「ニコライ一世がフウォピツキの提案をすべて拒否したということは、王位を拒否したということだから、ニコライを王位から廃すべきだ」という意見が出た。それは、『ノヴァ・ポルスカ』など急進派の新聞の論調を反映したものだった。不適切な国王は廃位すべきという考え方は、ポーランド身分制議会の伝統であるとともに、一八三〇年十一月二四日のベルギー議会でなされた国王廃位決議を意識したものでもあり、ロシアとの徹底抗戦を意味していた。

その頃、国民最高評議会は、ロシア軍のディーヴィチ将軍が近々ポーランド王国に向けて兵を挙げるという情報を得ていた。これを受け、将軍らの間で軍司令官の選出が行われた。有力な候補者は病気などを理由に辞退し、残った三名の中から選ばれたのはミハウ・ラジヴィウであった。選ばれた瞬間、彼は「真っ青になり、木の葉のように震えた。やっと任を受ける言葉を発したが心ここにあらず、」という風だった。」プロンジンスキによれば、「ラジヴィウは戦いの経験が乏しく、命令もできない」

およそ司令官には不適な人物だった。選ばれたのは、フウォピツキの推薦と、大貴族のラジヴィウならばプロイセンとの交渉に役立つだろうという憶測からだった。ロシアとの戦いを前にして、交渉支持派の要請が通ったのである。

なお、タルチンスキによれば、この頃、ナポレオン軍のもとでロシアと戦った経験を持つ王国軍の将軍十二人のほとんどがフウォピツキと同様、ロシアとの戦争は狂気の沙汰と考えていたという。彼らが戦いを嫌ったのは、ロシア軍の強さを知っていたためだけではない。政府高官や将軍の中には当時、年金生活に入るまで何事もなく勤めあげるという希望が蜂起によって潰されたと不平をもらす者も多かったという。また将軍たちの間では、ワルシャワ公国軍の敗北後も厳罰を受けることなく勤務を続けられたことで、皇帝への恭順の念が強かったことも考えられる。

一月二三日、ワルシャワの新聞は、ディーヴィチ将軍率いる十二万のロシア軍がポーランド王国の国境に向かっていると報じた。ディーヴィチはポーランド王国に対し、無条件降伏および「反乱兵」の武装解除と本隊への復帰を呼びかけた。

ロシア軍の進軍が伝えられる中、王国側では交渉支持派が主導権を握ったかにみえたが、急進派の動きはさらに激しく、事態は急展開を迎えることとなる。

国王廃位論の急先鋒となった愛国協会に属する代議員のロマン・ソウティクは一八三一年一月二〇日夜、王宮前広場で人々を前に自説を読み上げた。そこには、「ポーランド国民は、リトアニア、ヴォウィン、ウクライナを獲得するまでは、平時にも戦時にもロシア皇帝を国王と認めない」という文言が含まれていた。

ソウティクの結論は、なおもニコライ一世との交渉の可能性を探っていた人々を苛立たせた。チャルトリスキは、国王の廃位がウィーン条約の違反となり、ロシアによる王国攻撃の正当な口実になることを恐れた。彼は、「国王廃位の決定はニコライのみならず外国の君主らも怒らせるだろう」と思い、ソウティクを説得しようとしたが、無駄だった。そこで一月二三日、国王廃位に反対する元老院議員らの会合を開き、国王廃位を断固阻止することを言い交した。

翌二四日、新聞でディーヴィチ率いるロシア軍の接近とルベツキの交渉結果を知った急進派の人々は、武器を手にして議会の開かれている王宮へと押しよせた。その中には、国王廃位に反対する議員に対し、廃位決議に反対したら王宮から生かして帰さないと脅す者さえいた。議会でフウォピツキによるロシア高官宛ての手紙が読み上げられると、「裏切り者！」という声が響いた。

一月二五日午前十時、愛国協会はワルシャワ大学で数百人のデモを組織した。それは議会へ圧力をかけると同時に、国王廃位要求がロシア国民に対する敵対行為ではなく、正当な要求だと人々に納得させるためだった。その先頭には、様々な武器を手にした将校らの一団が立った。彼らは自由の印である三色のスカーフを着けていた。その後ろに学生や愛国協会の会員らが、黒い棺と、棺の蓋を持って進んだ。蓋には、処刑されたデカブリスト五人の名が書かれていた。王宮に近いジグムント王像の下では、愛国者を意味する白い羽の着いた赤い帽子を被った会員が、「自由への支持」を呼びかけた。デモ参加者は数多く、議会は民衆の声を軽視できなくなった。

同じ日、議会でイェジェルスキ宛のニコライ一世の親書が読み上げられた。内容は、「ポーランド人がそのあるじの軍隊に砲を向けることは、ポーランド王国の喪失を意味する。彼らは祖国滅亡の責任を負うことになる」というものであった。

これを聞いたソウティクは、「ロマノフ家がポーランドの王冠にふさわしいかどうか、疑わしい」と発言した。また議場には、皇帝に卑屈な態度をとったイェジェルスキを「裏切り者」と呼ぶ声がした。彼を弁護しようとする声が出た時、議長のヴワディスワフ・オストロフスキがこう述べた。「ディーヴィチ軍がポーランドに侵攻するということは、王国を潰す意図があることを意味する。それが国王を廃位する理由だ。」この意見を、議長の兄の元老院議員アントニが即座に支持した。するとフランチシェク・ヴォウォフスキ議員が提案した。「皆さん、このような意見が出たからには、もう結論を出そうではありませんか。ニコライの支配が終わった、と宣言しようではありませんか。」

これを聞いたヤン・レドゥホフスキ議員が、議場の中央に出てこう叫んだ。「皆で叫ぼう。ニコライはもういないと！」しばしの沈黙の後、「ニコライはいない！　議会万歳！」という何百もの声が議場に響きわたった（口絵1参照）。

ニコライ一世の国王廃位文書（史料〔四〕）はニェムツェヴィチによって起草された。議員たちは、「議会に集まったポーランド国民はポーランドの王位を、王冠にふさわしい人物に渡す権利を持つ」という内容の文書に署名した。チャルトリスキは署名しながら苛立ちを隠せず、周囲の人々に、「君たちはポーランドを破滅させたのだ」と漏らした。

ニコライ一世の国王廃位決議後、議会は新たな政府を組織することにした。この時の議会には、政府に強権を与えることに対して強い警戒心が存在していた。そのため新たに組織された国民政府は、大臣と切り離された機関となった。チャルトリスキは、大臣会議を加えた政府機関の方が有用だと主張したが、認められなかった。それどころか議会は、政府の権限を極度に限定した三人体制案の受け入れに傾いた。その時、「政府とは、立憲制の基本的特徴に加え、国内外の不安を鎮める唯一の形態である」というシフィジンスキの意見が受け入れられ、最終的に五人体制に落ち着いた。

こうして一月二九日の法によって、国民政府の権限は議会と変わらぬものになった。バジコフスキによれば、より悪いことに、政府は軍司令官を統制する権利も奪われた。

一月三〇日、議会の投票の結果、国民政府の構成員が選ばれた。首相にはアダム・チャルトリスキが選ばれた。「アダム公万歳！　独立ポーランド万歳！」の声が議場に響いた。彼は引き続き外交を担当することになった。残る四名もそれぞれ担当が決められた。チャルトリスキに近いバジコフスキは軍事、テオドル・モラフスキ（カリシ派）は財務、ヴィンツェンティ・ニェモヨフスキ（カリシ派）は警察、そして愛国協会のレレヴェルは宗務・教育・司法担当となった。異なる立場の人々から成る政府の運営は容易ではなかった。とはいえ国民政府の主な仕事は、議会で決定された国家財政の承認、官吏や外交官、軍司令官や高位軍人、判事などの任命であり、国民政府独自の役割といえば外交くらいだった。つまり、外交を担当するチャルトリスキ首相が文字通り政府の代表だったのである。

二月二日には大臣が任命された。外務相にはチャルトリスキの腹心グスタフ・マワホフスキ、軍務相にイスィドル・クラシンスキ、内務相はボナヴェントゥラ・ニェモヨフスキ、法務相にはヴィクトル・レンベェリンスキ、蔵相にはアロイズィ・ビェルナツキ、教育相にはアレクサンドル・ブニンスキが据えられた。このように政府も大臣もほとんどが保守派かカリシ派であり、急進派はレレヴェルのみであった。この国民政府が議会とともに、ロシア軍との戦いに臨むこととなる。

第三章　ロシア軍との戦い

春の攻防

ニコライ一世の廃位決定は、ロシアとの戦いの引き金となった。戦いについてみる前に、まず、両国の戦力の差をみてみよう。人口五千万を越えるロシア帝国の軍隊は当時、平時でも四〇万以上の兵を擁し、ナポレオン軍やオスマン帝国軍に勝利したヨーロッパ最強の軍隊と言われていた。ロシア軍はポーランド王国の蜂起鎮圧にあたり、二〇万の兵を準備した（後に五万人が補充される）。その指揮には、オスマン軍と戦った経験のある有能な将軍たちが任命された。軍司令官となったイヴァン・ディーヴィチ将軍もその一人である。彼はベルリンで教育を受けた後、ロシア軍に入隊したドイツ系軍人である。蜂起鎮圧に参加したロシア軍の将軍一〇〇人のうち五七人がドイツ系の人々とされる。

対するポーランド王国は、開戦当時の人口四二〇万と、ロシア帝国の一割にも満たない。一八三一年初頭、王国に居住する十八歳から四五歳までの兵役対象の男性は約五〇万人を数えた。だが開戦後、かなり早い時期にヴィスワ河東岸地域が占領されたため、そのすべてが徴兵可能だったわけではない。

ロシア軍と戦った王国軍の兵数の把握は困難であり、歴史家の間でもしばしば齟齬が生じている。その一因として、当時は戦闘参加者の数を銃や剣の数で示す場合が多かったため、猟銃や大鎌など自前の武器で参戦した兵士やパルチザンなどは含まれないことがある。王国軍兵士として戦ったのは一二万人、国外からの志願兵は二万人とされるが、パルチザンなどを含めれば、王国側に立って戦った者は一六万から一九万人にのぼるともいわれる。またロシア軍も含めて、兵数の損失を自国に都合良く記す場合も多くみられた。

王国軍の兵数の把握が困難な理由はそれだけではない。十一月蜂起の歴史を残し、自らも戦闘に参加した国民政府の軍務担当バジコフスキは後に、確たる独立国家の政府ならばともかく、国民政府には戦いに投入された兵数を正確に把握する余裕がなかった、としている。軍に責任を負う者がこのような状況であったから、後の歴史家はそれぞれの方法で兵数を割り出すしかなかった。ここで挙げる数字も一つの目安にすぎないことをあらかじめ断っておきたい。

蜂起前夜の王国軍の戦闘能力は決して低くはなかった。将兵の中にはワルシャワ公国期に実戦を経験した者も少なくない。四万二千人の兵士も充分な訓練を積んでいた。その中には農民出身者も多かった。彼らは十年の兵役期間中に読み書きを習い、兵役後も軍にとどまっていた。これら正規軍の兵士に比べ、蜂起開始後あらたに徴集された兵士の大半は訓練不足であった。

一方、ロシア軍のディーヴィチ司令官は、春が来る前に戦いの決着をつけられると考え、充分な準備もせずに軍を動かした。一八三一年二月五日から六日にかけて、兵員一二万七千、大砲三四八門の

9. イヴァン・ディーヴィチ

ロシア軍はいくつかの部隊に分かれて王国との国境を越えた。彼らは突然の気温上昇でぬかるんだ悪路に足をとられながらも、二月上旬にはヴィスワ河東岸にあるルブリンやシェルツェ、ウォムジャなどの町を占拠していった。

対する王国軍は、防衛に徹していた。兵数は五万三千（バジコフスキによる）、武器は旧式で数も少なかった。司令部は、ロシア軍の攻撃は春以降だと考えていた。おまけに司令官とは名ばかりのラジヴィウは、フウォピツキの助言がなければ何もできないあり様だった。司令部にはイグナツィ・プロンジンスキとデジデリ・フワポフスキという二人の有能な作戦立案者がいたが、彼らの計画は生かされなかった。とはいえ王国軍は開戦当初、おおかたの予想を裏切り、快進撃を続けることとなる。

ロシア軍と王国軍の最初の衝突は二月一四日、王国東部のストチェク近郊で起きた。この時、王国軍のユゼフ・ドヴェルニツキ将軍は、ロシア軍主力部隊から逸れたガイスマー将軍部隊への攻撃命令を受けた。農民によって敵の動きを察知したドヴェルニツキは、部隊の兵を分散させ、敵を四方から襲った。その結果、王国軍はロシア側に三三〇〇人の兵の損失を与え、大砲一一門を鹵獲《ろかく》した。この戦勝は戦況に大きな影響を与えるものでなかったが、王国軍の軍紀を引き締め、士気を高める好機となった。勝利の知らせは瞬く間に王国全体に広まり、蜂起の行方に希望の火を灯したのである。

その間、ディーヴィチ将軍率いるロシア軍主力部隊はワルシャワに向けて進んだ。対する王国軍は、二月一七日にスクシネツキ部隊がドブレでロシア軍に数百人の損害を与えた。一九日にはヴァヴェル近郊で王国軍のジミルスキ部隊とシェンベク部隊がロシア軍を攻撃し、大きな損害を与えた。翌日、グロフフ近郊でロシア軍は再び攻撃に出たが、一六〇〇人を失った。ポーランド軍の戦いぶりは素晴らしく、ディーヴィチはニコライ一世に、「ポーランド人は最盛期のフランス軍のように戦っています」と報告したほどである。

態勢の建て直しを図るディーヴィチ司令官は、近くのビャウォウェンカで王国軍と戦うシャホフスキ部隊の到着を待って、総攻撃をかけようとした。だがシャホフスキ部隊は苦戦を強いられていた。その報告を受けたディーヴィチ将軍は、シャホフスキ部隊の到着を待たずに王国軍へ総攻撃をかけることを決断した。二月二五日午前九時、砲声が轟き、グロフフの戦いの火蓋が切って落とされた。この戦いは、ワーテルロー以来のヨーロッパ最大の戦闘とされる。

グロフフの戦い

現在はワルシャワ市域に含まれるグロフフは、ヴィスワ河右岸にあり、当時は森や湿地帯が広がる草地であった。一八三一年当時、左岸のワルシャワと橋で結ばれる右岸のプラガ地区には、戦いに備えて堤防や防塁が建設されており、東方からワルシャワを攻めるには、まずグロフフにあるオルシンカの森を通らねばならなかった。

王国軍が陣をしいたオルシンカの森が、グロフフの主戦場となる。この日、五万九千の兵、大砲一七八門のロシア軍に対し、王国軍は三万六千の兵、大砲一一四門と劣勢だった。そのうえ司令官ラジヴィウは戦況を把握できずに右往左往するばかりで、実際の指揮はフウォピツキが執っていた。独裁官としての評判は地に落ちたフウォピツキだったが、戦場で平服のまま馬に乗ってきぱきと命令を下し、銃をとって戦う姿は、兵士たちを奮い立たせた。「フウォピツキ万歳！　独裁官万歳！」の声があがった。対するロシアのディーヴィチ将軍は、オルシンカの森の奪取を命じた。「ウラー」と叫び声を上げながら突進してくるロシア兵に対し、フウォピツキはジミルスキ将軍の部隊に陣地を死守するよう命じた。これに対してロシア軍は、トル将軍やパーレン将軍などが率いる精鋭部隊を投入し、森に向かって激しい砲撃を浴びせ続けた。

ポーランド側ではジミルスキが負傷し、兵士が浮き足立った。フウォピツキはさらに援軍を送るよう命じたが、ビャウォウェンカで戦うウビエンスキやクルコヴェツキらは躊躇していた。彼らはラジヴィウを司令官とみなしていたのである。ロシア軍の一斉射撃は何度も繰り返された。砲声が轟いたかと思うと、たちまち死体の山ができた。

王国軍の士気は高く、兵士の中には農民の姿もあった。フウォピツキは後に、「大鎌を持った農民が砲火の中に突進した。戦争を経験したことのない兵士がこんな風に戦うとは思ってもみなかった」と書いている。

午後三時頃、ロシア軍の猛攻の前にフウォピツキの馬が斃れ、彼自身も両足に重症を負い、戦場を離れることを余儀なくされる。王国軍は退却を重ね、とうとうオルシンカの森はロシア軍に奪われてしまった。フウォピツキは戦場を離れるさい、後の指揮をヤン・スクシネツキ将軍に委ねた。だが、司令官ラジヴィウはこれを知らず、シェンベク将軍を指揮官に指名したために、王国軍の中はさらに混乱した。

夕闇が迫る中、ロシア軍も苦戦を強いられていた。食糧や弾薬が不足していたロシア側では、「夜中にはワルシャワを落とせる」と攻撃続行を主張するトル将軍に対して、ディーヴィチ司令官は攻撃中止の決定を下した。オルシンカの森はロシア軍の手中に残されたままだったが、兵の損失はロシア側九五〇〇人に対し、王国側は七三〇〇人と少なかった。

10. ヤン・スクシネツキ

夕刻、ディーヴィチ将軍は騎兵隊に、王国軍のただ中を駆け抜けてプラガ地区に行き、住民に王国軍の敗北を印象づけるよう命じた。途中、騎兵隊の多くが王国軍の捕虜になったが、ワルシャワにはプラガの陥落と王国軍敗北という恐ろしい知らせが届いた。

一方の王国軍は、戦闘続行を主張する者もいたが、結局その夜は、プラガ地区どころか橋を渡ってワルシャワ左岸まで退却することになった。翌二六日、王国軍の会議でラジヴィウが辞意を表明し、スクシネツキが正式に司令官に任命された。この時スクシネツキは四三歳、ワルシャワ公国軍でロシア遠征やライプチヒなどの戦いに参加した経験もあった。愛国者とみなされていたが、実は蜂起に反対で、ロシアとの戦いに消極的であった。そんな彼を司令官に推した人々の中には、チャルトリスキも含まれていた。後世の歴史家の多くはスクシネツキを、無責任で不誠実な人物として否定的に描いている。

その頃、ロシア軍の侵攻を恐れてパニックにおちいったワルシャワ富裕層の中には、降伏を求める声が出ていた。恩赦つきの無条件降伏というディーヴィチが出した提案を受け入れるべきとする声は、王国軍の将軍の中にも多かった。しかし国民政府のチャルトリスキ首相は、王国の存亡も明らかでない降伏条件をのむことに反対だった。外国の圧力によってロシアを動かし、王国に有利な条件を引きだそうと考えていたのである。結局この時、王国軍は交渉に応じなかったが、ロシア軍がワルシャワ攻撃に出ることはなかった。

ヴァヴェルの戦い

グロフフの戦いの後、ポーランド王国軍は再編成され、兵員は六万八千から七万、大砲は一四四門を数えた。ディーヴィチ率いるロシア軍主力部隊は六万七千の兵、二九四門の戦力を保持していたが、食糧や装備が不足し、疲弊した兵士の間ではコレラ患者が出ていた。

スクシネツキ司令官の参謀となったプロンジンスキは、退却するロシア軍を叩くよう強く進言したが、受け入れられなかった。この時プロンジンスキは三九歳。ワルシャワ公国軍で数々の功績を挙げた軍人であると同時に、蜂起前から非合法活動に参加していた主戦派であり、戦いに消極的なスクシネツキとしばしば意見を異にすることとなる。

戦況は、グロフフの戦いの後しばらくの間は王国軍に有利に展開する。三月二九日、プロンジンスキの説得に応じたスクシネツキはやっと追撃を開始した。三〇日深夜、ワルシャワ東部のヴァヴェルで王国軍はロシア軍のガイスマー部隊に攻撃をしかけた。その時プロンジンスキは、襲撃を敵に気づかれないようにヴィスワ河に架かる橋を藁で覆うという奇策を立てた。翌朝、王国軍の急襲によってガイスマー部隊は多数の捕虜を出し、味方のローゼン部隊のいるデンベ・ヴェルキェに退却を強いられた。

11. イグナツィ・プロンジンスキ

同じ日の午後三時、この地で激戦が繰り広げられた。この時、王国軍の方が数で優っていたが、スクシネツキはそれを一部しか使わなかったうえ、日が暮れるとすぐに戦いを止めようとした。だがその時、最も危険な場所で戦っていたボグスワフスキ部隊は戦いを中断せず、命令を無視して戦い続けた結果、翌日にはローゼン軍を戦場から蹴散らすことができた。この三日間で王国軍は一万人を捕虜にし、一二門の大砲を鹵獲した。ロシア軍の死傷者数千人に対し王国軍は五〇〇人と、目覚ましい勝利となった。

その後、プロンジンスキは王国軍の好調を生かしてロシア軍の追撃をスクシネツキに願い、作戦計画まで出したが、なかなか受け入れられなかった。四月十日になってやっと王国軍は動き、イガニェ近郊で敵を攻撃したが、苦戦を強いられた。その時、プロンジンスキはロシア軍の隙をついてこれを分断し、攻撃する作戦に出た。激戦の末、王国軍はロシア軍主力部隊が拠を置くシェルツェの町まであと一歩の所まで兵を進めたが、スクシネツキは町への攻撃を決断しなかった。この戦いでロシア側は死傷者三千人、一五〇〇人の捕虜を出したのに対し、王国側の損失は四〇〇人に留まった。

その頃、東南部で戦うドヴェルニツキ将軍の部隊も勝利を重ねていた。四月四日にはロシア軍に占領されたルブリンを解放し、ザモシチでも敵を打ち破った。

王国軍の士気はさらに高まり、王国社会も戦いへの協力を惜しまなかった。国外からの志願兵も増えた。ちなみに、王国軍の捕虜となったロシア兵は、一八三一年を通じて三万三千人にのぼる。これほど多くの捕虜を得た一因に、ロシア側にリトアニアの出身兵など王国側への共感者が多かったことがあげられるが、王国側の捕虜の待遇がロシア側より良かったこともある。負傷した捕虜はポーランド人と同じ扱いを受け、病院で手当てを受けた。捕虜のうち六千人が王国側で戦ったという。

オストロウェンカの戦い

ニコライ一世は三月末、弟のミハイル公が指揮する近衛連隊二万二千人を王国に送り込んできた。ナレフ河畔に陣をしいた近衛連隊を前にして、王国軍の兵力は二万七千から三万と優勢に立っていた。プロンジンスキは目と鼻の先にいる敵への攻撃命令を出すよう再三懇願したが、スクシネツキはあれこれ口実をつけて動こうとはしなかった。

スクシネツキはなぜ動かなかったのか。一説には、貴族の子弟から成るエリート部隊への攻撃が、ロシアとの講和に不利になると考えたためとされるが、真相は不明である。一方、兵士たちも司令官の攻撃命令をじりじりとした思いで待つ中、やっとスクシネツキが重い腰を上げた時には、近衛連隊はもう退却を始めていた。王国軍は大急ぎでロシア本国との国境の町ティコチンまで追ったが、近衛連隊は国境の先のビャウィストクに逃げた後だった。その時、スクシネツキはディーヴィチ率いるロシア軍主力部隊がワルシャワに向かっているという報告を聞き、大急ぎで南西にとって返した。そのさい近衛連隊が戻って来た時のために、ギェウグド将軍の部隊一万二千人を国境付近に留めておいた。王国軍はそれを後で悔やむこととなる。

数百キロも軍を無駄に動かしたあげく兵を疲弊させたスクシネツキは、五月二三日、オストロウェンカ近郊のナレフ河西岸で主力軍を休ませた。王国軍の戦況を変えることとなるオストロウェンカの町は、ナレフ河の東側に広がる。東岸は西岸を見下ろす位置にあり、西岸はから攻めにくい。ここで主力部隊を休ませたことが王国軍の敗因の一つとされる。

五月二六日、ロシア軍は東方からオストロウェンカに迫っていた。王国軍主力部隊はそれを知らず、この時東岸に配備されていたのはウビエンスキ部隊のみであった。彼らは圧倒的な数の敵を見て、主力部隊のいる西岸へと退却した。休憩していたスクシネツキは彼らの報告により初めてロシア軍がオストロウェンカの町にいることを知り、ボグスワフスキ将軍の部隊を東岸に向かわせた。ロシア兵で溢れる町に投入された将兵の犠牲は大きかった。その中には十一月二九日に決起した精鋭、第四歩兵連隊の将兵も多数含まれていた。激戦の末、町はロシア軍に占領され、西岸へと通じる橋も占拠された。プロンジンスキはすぐに劣勢を悟り、場所を変えて戦うよう進言したが、俄かに戦闘心を強めたスクシネツキは橋の奪還を命じた。ベム将軍率いる騎兵隊にも突撃命令が出された。橋に向かう騎兵隊は東岸からの砲撃を受け、夥しい犠牲者を出した。絶望的な戦いを強いる司令官は、「裏切り者」という声を浴びせられた。

この日の戦いで王国軍は、将官一九四人、兵士六二二四人を失った。スクシネツキは王国軍の敗北をみて、絶望のあまり、「ポーランドは終わりだ」と呟き、国民政府には「すべてを失った」と報告した。とはいえ実際には、ロシア軍の損失（将官一七二人、兵士五六九六人）も大きかったため、王国軍の大敗というほどではない。深刻なのは、王国軍の士気が下がり、指揮官への信頼が失われたことである。これ以降、王国軍は敗北を重ねることとなる。

一方、ロシア軍も疲弊していた。司令官ディーヴィチはこの日の勝利を確信できなかったうえ、コレラに感染し、六月十日に没する。なお、ディーヴィチは死の床で、グロフフでワルシャワ攻撃を断念したのはコンスタンチン大公が戦闘停止命令を出したためであると漏らした。王国軍の善戦を密かに喜んだ大公もまた、それからほどなくして病没した。

ウクライナの戦い

前述のように、リトアニアやウクライナといったロシア帝国西部に蜂起を広めようとする声は蜂起開始当初からあった。フウォピツキはこれに反対だったが、議会は一八三一年一月二日、「ロシアに奪われた地にいる兄弟を解放するまで、ポーランド国民は武器を置かない」と宣言し、レレヴェルはこの地域のポーランド人に蜂起参加を呼びかけた。

このいわゆる「奪われた地」の面積は王国よりはるかに広く人口も多いが、そこに居住するポーランド人の割合は少ない。しかもそこに住むポーランド人は主に地主であり、ウクライナ人やリトアニア人、ベラルーシ人などの農民の賦役労働に頼っていた。これら非ポーランド系住民は、蜂起に敵対的でないとしても無関心であった。従って蜂起支持者の中心はポーランド系中小シュラフタであったが、地主には蜂起政府が示唆する農民改革に消極的な者も多かったことからすべてのポーランド人が蜂起を歓迎したわけではない。

まず、ウクライナにおける状況をみてみよう。ウクライナで蜂起の動きがみられたのは、ヴォウィン地方とポドレ地方であるが、いずれも規模は小さく長続きしなかった。

　国民政府によってウクライナのヴォウィン地方に派遣されたのは、ルブリン地方で善戦していたドヴェルニツキ部隊である。だが、この選択が誤りだったことはすぐに明らかになった。彼の部隊が王国を離れたとたん、ルブリン地方の諸都市は再びロシアの手中に落ちてしまったからである。

　豪放磊《らい》落で進歩的なドヴェルニツキは兵士に人気があり、彼に従う兵士には愛国協会の会員も多く、勇敢で、部隊は統制がとれていた。四月十一日、ブク河を越えヴォウィン地方に入った場所で、部隊は手足に枷をつけられた農民たちに出会った。農民たちがロシア軍によって強制的に徴兵されたと知ったドヴェルニツキは、彼らを解放した。将軍は「ポーランド兵は自由をもたらしに来た」と演説し、人々に歓迎された。約六千人のドヴェルニツキ部隊は四月一九日、ボレメル近郊でロシアのリユーディガー部隊一万千人とぶつかった。武器も兵数も劣るドヴェルニツキ部隊は当初苦戦を強いら

12. 分割前のポーランドとポーランド王国

れたが、天候の急変に乗じてロシア軍を攻撃した。部隊の先頭に立った将軍に、「ドヴェルニツキ万歳！」という兵士の声が響いた。「祖国万歳！」と将軍が応じ、王国軍は町へと通じる橋を守った。

だが、ドヴェルニツキ部隊はその後、精彩を欠いていく。地元の地形を良く知らないうえ、蜂起に冷淡なウクライナ人から食糧も調達できないままにロシア軍と戦い、オーストリアとの国境地帯へと追いつめられていった。そして五月一日に部隊はついに国境を越え、武器を奪われた。精鋭部隊の越境と降伏の報は、王国の人々に大きなショックを与えた。一方、ドヴェルニツキ部隊の到着を知ってヴォヴィン地方で決起した人々も、ロシア軍に攻撃され、敗退した。

ポドレ地方の蜂起勢力はヴォウィン地方よりは強力だった。とくに有名なのは、コシチューシコ蜂起にも参加した八〇歳のベネディクト・コウィシュコのもとに集まった約二千人の蜂起勢力である。彼らは五月十四日にロシア軍との戦いで多数の犠牲者を出しながら退却を重ね、五月末にオーストリア国境を越え、武器を置いた。

リトアニアの戦い

リトアニアでは、ウクライナよりもはるかに蜂起勢力は活発だった。リトアニアの軍県知事フラポヴィツキは、蜂起の情報を得て早くも一八三〇年十二月一日に戒厳令を出すとともに、スパイを使って非合法組織を摘発し、多数の活動家や関係者を逮捕した。ロシア官憲への憎悪が強まる中、三月末になると蜂起参加の動きはリトアニア全土に広がる。

リトアニアではウクライナと異なり、ポーランド系住民の多くが蜂起を積極的に支持し、王国正規軍の到着前から各地でパルチザンが組織されていた。その中には多数の農民が含まれていた。というのもロシア軍による王国への攻撃が始まった二月、ロシア軍への徴兵に反対して農民反乱が起きており、蜂起勢力は農民に対して、蜂起が自由と平等をもたらすと宣伝していたからである。一八三一年三月には、ジムジなどの町でロシア軍が蜂起勢力に襲われた。その中には大鎌を持って参加した農民の姿も多くみられた。

リトアニアの蜂起は、ポーランド王国で戦うロシア軍への物資補給に影響を与えかねない大問題であった。蜂起勢力の増大に危機感を覚えた軍県知事フラポヴィツキは、ロシア軍兵士に町や村の略奪、住民の虐殺を命じるなどの方法で対処した。しかし弾圧はかえって反ロシア感情を煽ることになり、あちこちでパルチザンが増えた。四月初めには、ロシア軍がおさえる町はヴィルノとコヴノの二都市のみとなった。四月一七日、ヴィルノにはカロル・ザウスキ率いる約七千人の蜂起勢力が攻撃を加えたが、ロシア軍に敗退した。その後もパルチザンの戦いは続いたが、劣勢を挽回できなかった。四月末にはヴィルノ大学の学生三〇〇人も犠牲となる。

蜂起勢力は五月九日から一三日のポウォンガ（現リトアニア領パランガ）近郊でのロシア軍との戦闘でも敗北を喫する。ポウォンガはバルト海沿岸の町であり、国民政府はそこを経由してイギリスからの武器輸入を図った。だがその動きはロシア軍に察知され、武器の輸入は果たせずに終わる。

一方、王国軍司令官のスクシネツキは国民政府の決定を受け、五月一八日にフワポフスキ将軍率いる七〇〇人の部隊をリトアニアに派遣した。その部隊がリトアニアに到着した時は、当地の蜂起勢力はかなり弱まっていた。だが、数々の功績を挙げたフワポフスキ将軍は当地でも有名で、多数のパルチザンが再び集まった。兵を率いて戦う大貴族の娘エミリア・プラテルはフワポフスキ将軍から大尉の称号を得たが、二四歳で戦死した。彼女の姿はミツキェヴィチの詩に唄われている。

13. エミリア・プラテル

リトアニアにはまた、王国軍主力部隊と切り離されたギェウグド部隊一万二千人も向かっていた。フワポフスキ部隊はこのギェウグド部隊と合流して、五月二九日、ライグルド近郊でロシア軍を破った。フワポフスキはその勢いでヴィルノを攻撃することにした。その頃ヴィルノにいたロシア軍は六千人で、勝算は十分あると考えたからである。だが、ギェウグドがコヴノ攻撃を優先しようとしてヴィルノ攻撃を躊躇しているうちに、ロシア軍は多数の兵を集めた。六月一九日になってやっとギェウグドがヴィルノを攻撃した時には、すでに好機を逸していた。王国軍は倍以上の数のロシア軍の前に二千人を失い、大敗を喫したのである。

その後、ロシア軍に東プロイセンとの国境地帯に追いつめられた王国軍の両部隊は七月一三日、国境を越えて武器を置く決定をした。その決定に激怒した兵士たちの間から、「裏切りだ！」という声が響いた。その時一人の将校が、「兄弟よ！　これが祖国を裏切った者の最後だ！」と叫び、ギェウグド将軍に向けて銃を発射した。統制を失った七千人の将兵は、プロイセンに渡って降伏する者もいて、武器を捨てて散り散りになった。こうしてリトアニア遠征もまた悲惨な結果に終わったのである。

なお、国境を越える前にギェウグド部隊と分かれたデムビンスキ部隊は、ロシア軍と戦いながら何とか八月三日にワルシャワに戻った。王国軍の撤退とともにリトアニアの蜂起も終息する。

他の分割領

王国軍へは、プロイセン領やオーストリア領の旧ポーランド地域からも志願兵が集まった。まず、プロイセン領ポズナン大公国のポーランド人の動きからみてみよう。ポズナン大公国とは、ウィーン条約でポーランド人の自治が認められた地域である。しかし実際には自治とは名ばかりで、ポーランド人は不満を募らせていた。この地域はかつてワルシャワ公国の一部であったことから、ポーランド王国との結びつきが強い。とくに両国の将校にはワルシャワ公国軍で共に戦った者が多く、蜂起前から密かに連絡を取りあっていた。プロンジンスキやウミンスキも、ポズナンの非合法組織「大鎌団」の出身であった。なお、この組織は蜂起開始前にワルシャワの愛国協会の傘下に入った。

さて、大鎌団のルドヴィク・スチャニェツキらは十一月二九日の事件を知るとすぐにワルシャワに赴き、フウォピツキに兵員や食糧、金銭的援助を申し出た。しかしフウォピツキはそれを拒否し、彼らを冷遇した。それにもかかわらず、その後スチャニェツキは自費で志願兵を募り部隊を編成して王国に渡り戦いに加わった。プロイセン領からの志願兵の数は三五〇〇人に及ぶ。その中には農民や職人も含まれていた。ポズナン大公国のポーランド人社会では募金活動が行われ、女性たちも医薬品や衣料品を送るなど蜂起を積極的に支援した。プロイセン政府はこうした動きに警戒を強め、東部国境に八万もの兵を配備し、蜂起参加者には財産没収などの厳しい罰を科して取り締まった。

ポーランド人が多く住むオーストリア領ガリツィア地方は、ポズナン大公国より王国との結びつきは弱い。州都ルヴフには蜂起開始前から学生の地下組織が存在していたが、愛国協会の影響力は小さかった。しかし十一月二九日の報が届くと、多くの若者が志願兵として王国に向かった。その中に、ポーランド人社会に同化したドイツ人も含まれていたことがこの地域の特徴である。こうした動きに対して、メッテルニヒは警戒を強めたが、親ポーランド的な軍県知事ロプコヴィチは厳しく取り締まらなかった。そのためポーランド人社会では蜂起の寄付金集めをはじめ、武器や食糧、馬などの輸送が続けられた。愛国的気運は、ドヴェルニツキ部隊によるオーストリア側への投降以降とくに強まった。オーストリア政府は投降兵を投獄するなど厳しく扱い、彼らへの援助を妨害したが、支援の動きは絶えなかった。三月半ばにはガリツィアにおける蜂起計画も立てられたが、実現しなかった。

クラクフ市とその周辺は、ウィーン会議でクラクフ共和国として三分割国共同管理下のポーランド人自治国家となった。この国は、国際的混乱を恐れた国民政府首相のチャルトリスキの意向を汲んで、蜂起に対して公式には中立の立場をとった。しかし王国との国境は空けたままにしておき、オーストリアから調達した武器弾薬を密かに流した。共和国の人々は蜂起のための寄付金を集めたほか、ポーランド王国へ医薬品や衣料品、食料品などを送った。志願兵として王国に渡った若者は数百人に及ぶ。ここではまた王国から密かに送られてきた傷病兵の手当てをしていた。グロフフで負傷したフウォピツキもその一人である。しかし王国軍が劣勢となりプロイセンやオーストリアの圧力が強まると、支援活動は弱まっていった。

なお、蜂起への志願兵や医師などの支援者は、フランスやドイツ諸国、スウェーデンなどヨーロッパ各国からやって来た。

第四章　列強の反応と蜂起側の外交政策

蜂起政権の成立後、外交の中心に立ったのはアダム・イェジ・チャルトリスキである。アレクサンドル一世のもとでロシアの外交顧問を務めた彼は、ヨーロッパ各国の要人に知り合いがいた。大国の協力なくして小国の独立要求は通らないと確信していた彼は、とりわけ外交政策に力を注いだ。

蜂起開始直後の十二月半ば、チャルトリスキは臨時政府の中で自らを長とする外交部をつくり、国民政府ではグスタフ・マワホフスキとともに外交を指揮した。蜂起の正当性を示す文書において彼らが諸外国に対して強調した点は、蜂起が「国民的なもの」であり「革命」ではないこと、その目的はジャコバン主義とは全く関係ないこと、そして蜂起の原因がロシアによるウィーン条約違反であること、の三点である。すなわち蜂起がウィーン体制を覆そうとするものではなく、「ウィーン条約によって保障されている我々の権利」が侵害されたから決起したという理由を掲げ、諸外国にロシアを牽制してもらおうと考えたのである。

ニコライ一世の国王廃位決議は、外交的にポーランド王国の立場を不利にしかねないものだった。しかしチャルトリスキはこの時も、ウィーン条約を基礎として正当性を諸外国に説明しようとした。

すなわち条約で認められたポーランド王国の領域にロシアが軍事侵攻しようとしたことが、ニコライを廃位せざるを得なくなった原因であり、ロシアとの戦いの大義名分であるとした。そのために早くも国王廃位決議の翌日（一月二六日）、彼はパリに使節を送って、「国王廃位はディーヴィチ将軍の声明のせいである」と伝えさせた。さらにヨーロッパ主要都市に外交代表団を派遣し、蜂起の正当性を宣伝するためにドイツ語やフランス語のパンフレットを発行した。以下、このような王国外交と、大国の反応をみてみよう。

イギリス

ロンドンに十一月二九日のワルシャワの事件の報が届いたのは、十二月十日である。ロンドンでは同じ月の二〇日、神聖同盟五か国の代表がベルギー独立問題について話し合う会議が開かれる予定になっていた。それに先立つ十一月二四日、ベルギー国民議会はオラニエ・ナッサウ家ヴィレムの国王廃位を決定していた。これに対してロシアはロンドン会議においてベルギーへの派兵を呼びかける予定だったが、ポーランド王国の蜂起により派兵を中止せざるを得なくなっていた。こうしたロシアの態度の変化によって、この会議はベルギー独立のみならず、ポーランドの蜂起への対応を話し合う場にもなったのである。

その頃ロンドンには、ポーランド王国臨時政府の代表としてアレクサンドル・ヴィエロポルスキが派遣されていた。彼はチャルトリスキの指示どおり、ロシアによるウィーン条約違反を訴える臨時政府の方針をイギリス側に説明した。チャルトリスキはイギリス政府がポーランド人に友好的と考え、容易に援助を引き出せると考えていた。一八一五年にイギリス外相カスルリーが「ポーランド人を別個の国民として扱うべきだ」と言ったことを記憶しており、イギリスがウィーン体制維持を重視していると思っていたためである。さらに十一月十五日にウェリントン内閣が倒れたあと首相になったグレイは、コシチューシコの友人とみなされていた。グレイ首相と外相パーマストンはリベラルで、ベルギーへの武力介入に反対だった。ヴィエロポルスキはグレイ内閣に対し、ポーランド王国を支持すればロシアを牽制できると説明し、援助を求めたのである。

ところが、イギリス側の態度は冷淡だった。そこにはロシア側の動きも関係していた。グレイ首相が十一月二九日の蜂起を知ったのは、十二月十日にロシア大使夫人ドロテア・リーヴァン夫人を通じてである。リーヴァン夫人は蜂起にふれた兄（ロシアのベッケンドルフ将軍）からの手紙をグレイに見せた。「ワルシャワの革命の知らせにグレイ首相は大きなショックを受けた。彼はあらゆる革命に反対だ。ニコライ一世がこの騒ぎを力で潰すしかないことは明らかだ。だが、イギリスには多くのポーランド支持者がいる」と、夫人は兄に書いている。さらに十二月二二日の夫人の手紙には、「グレイ卿は毎日私の所に来て、私の話を聞いている。彼はポーランドの事件に心を痛めている。」二日後の手紙には、「グレイ卿はポーランド問題をできるだけうまく解決しようとしている。この革命がなるべく早く鎮圧されるように強く願っている」と書かれている。

リーヴァン夫人の影響はともかくとして、ワルシャワの蜂起のせいでベルギーへの武力干渉に支障をきたしていたロシアに対し、イギリスはベルギーに対する妥協をとりつけることに成功した。十二月二十日の会議における十時間に及ぶ議論の結果、ロシアをはじめとする神聖同盟はベルギー独立を認めたのである。それによってイギリスはロシアに借りをつくることになった。すなわちロシアがベルギー独立を認める代わりに、イギリスはポーランド王国に対するロシアの対応に口出ししないという暗黙の了解をとりつけたのである。

列強がベルギー独立を承認したことにショックを受けたオランダ大使は本国に、英仏がポーランド問題に干渉しない約束をしたためにロシアが妥協し、ベルギー独立が認められたと報告している。ロシア全権大使マトゥシェヴィチは、決議文書に署名したことについてこう述べている。「署名の拒否はイギリスとの妥協を拒否することを意味した。ベルギーに関してヨーロッパと歩調を合わせるか、さもなければ戦争のどちらかだ。」このように、列強間においてポーランド問題は、ベルギー独立とからめて議論されたのである。

しかしながらポーランド人の目には、列強によるベルギー独立承認は良い兆候にみえた。「ポーランドよりはるかに小さい、しかも一度も国家を持ったことのないベルギー」の独立が、ポーランド王国を独立へと導くかのように思われたのである。

イギリス政府のポーランド問題に対する反応は、ニコライ一世の国王廃位後、さらに冷淡になる。パーマストンはヴィエロポルスキを使節ではなく単なる旅行者として扱い、ポーランド問題を「宗主国と属国との対立にすぎない」としていかなる援助も拒否した。

冷淡な政府とは裏腹に、イギリスの世論はポーランド人に同情的だった。同情はロシア軍に対するポーランド王国軍の善戦が伝えられるとさらに強まった。ヴィエロポルスキはこの機を利用し、イギリスのマスコミに対して、「ポーランドは完全な独立のために戦っている。この戦いは、ロシアが憲法に違反し、約束を破ったから起きたのだ」と説明した。さらに彼は一八三〇年秋のロシアのベルギー干渉計画の写しを公表し、ポーランドが武力干渉に反対し平和を望んだことを説明した。そして「ポーランドは、ギリシャやベルギーが得たような援助をイギリスから得ることを期待する」として、イギリス政府にポーランド王国への財政支援を求めた。

国民政府はロンドンへの新たな代表としてアレクサンドル・ヴァレスキを派遣した。彼はチャルトリスキに、パーマストンが、「ベルギー問題が終わったら、ロシアに圧力をかけ、ロシアがポーランド王国を奪えるわけではないと知らせる」と口約束したことを報告している。王国では再びイギリスの動きに期待が高まった。

一方、ロシアはベルギー問題でイギリスに譲歩を重ねていた。その結果、イギリス政府は七月二二日、ロシアはイギリスの「良き同盟国」であり、ロシアとの対立を引き起こしかねないポーランド問題への干渉は行わない、と公式回答した。同じ日ヴァレスキも、「イギリス政府からは何も期待できないと確信する」と国民政府に報告した。実際、イギリス政府はその後もポーランドのために動くことはなかった。

七月革命に鼓舞されて決起した十一月蜂起参加者のほとんどは、フランスの援助を疑わなかった。チャルトリスキは十二月八日、パリにルベツキの友人のヴォリツキを派遣した。ところが、フランス政府は冷淡だった。ヴォリツキによれば、仏外相セヴァスティアニは蜂起の話を真剣に聞いたものの、「援助は難しい」と答えた。

その理由として、七月王政当時のフランス政府がまだ不安定であったことと、外交では隣国ベルギーの問題を最重要課題と考えていたことがあげられる。ベルギーの件でフランスはイギリス同様、ロシアの武力干渉に反対する姿勢をとっていた。外相セヴァスティアニはロンドンにいる大使タレーランに宛て、「ベルギーへの武力干渉に反対するのは、我々の安全を守るためである。諸外国にその理由を丁寧に説明せよ」と指示している。この時のロンドン会議でロシアがベルギーへの武力介入を断念したことは前述したが、これによってフランスもイギリスと同様、ロシアに借りをつくることとなったのである。

ポーランド王国外交代表に対するフランス政府の態度は、イギリスと同様、国王廃位決議およびロシアとの開戦後、さらに冷淡になった。とはいえ戦場での王国軍の優勢が伝えられると、フランス政府には微妙な変化も現れた。セヴァスティアニはヴォリツキに対し、「もしも君たちが三月一日までもてば、援助の可能性は強まるだろう」と話した。実際の支援内容は明らかではなかったものの、ポーランド人はその言葉に期待を膨らませた。

こうしたフランス政府の態度の変化には、世論におけるポーランド人支持の高まりが影響していた。ポーランド王国軍の善戦が伝えられる中、フランス各地ではポーランドのための寄付金集めが行われていた。王国軍に志願する兵士や医師も多数現れた。「両大陸の英雄」と称えられたラファイエットはポーランド問題に熱心で、フランス政府に対してロシアへの干渉と、ポーランド王国の独立承認を要求した。結局、ラファイエットはポーランド友好協会の設立とポーランドへの志願兵派遣を認めさせた以外は、フランス政府の姿勢を変えることはできなかった。なお、その時の志願兵に、後述するラモリノも含まれていた。

こうしたフランス側の変化を知ったチャルトリスキは、戦闘の結果が外交に有利に働くのを実感していた。「外交は戦いの成果にかかっている。…もう一回、決定的な勝利が必要だ」と、議会で述べている。さらに、ポーランドとの戦いには金がかかり割にあわぬとニコライ一世に思わせねばならないとし、ロシアとの戦争に力を注ぐようスクシネツキに働きかけた。そのうえセヴァスティアニと個人的親交のあるカロル・クニャジェヴィチとルドヴィク・プラテルを、新たにパリに派遣した。

だが、フランス政府は冷淡だった。外相セヴァスティアニはロシアへの派兵を要求するラファイエットに対し、「弾圧がなされるたびに軍を出していたら政府はもたない。フランスの利益にかなうものならいいが」と繰り返した。また、ペテルブルクへ向かう途中ワルシャワに立ち寄ったフランスの使節団は若者らに、「君たちは誤解している。我々には何もできない。ポーランド人はツァーリから恩赦を求めるべきだ」と諭すのみだった。

新たにフランス首相となったカジミール・ペリエは、ポーランド人に対しさらに冷淡だった。ペリエは、「フランスの国庫と血はフランスのためにのみある」と述べた。ルイ・フィリップ王に至っては、クニャジェヴィチに会おうともしなかった。

それでも一度、フランス政府がポーランドのために動こうとしたことがある。一八三一年七月、駐英大使タレーランが英仏両国政府に対し、ロシアに外交的圧力をかけてポーランド王国政府を正式に承認させるよう提案したのである。彼は、「独立ポーランドはヨーロッパにおけるロシアの影響力の防波堤になる」と考えていた。代議院選挙を前にしたセヴァスティアニはこれに同意し、イギリスと共に声明を出すことを提案したが、イギリス政府はこれを拒否した。

一方、英仏の態度に意を強くしたロシアは、オランダを動かして八月二日にベルギーに派兵させた。これに驚いたフランスは、ベルギーの要請に応えて軍を動かした。この迅速な対応は、フランスにとってベルギーがいかに重要かを示している。八月十日、フランス議会はポーランド独立承認案を否決した。セヴァスティアニもロシアとの戦争の可能性を否定した。こうしてポーランド問題にフランスが介入する可能性はなくなったのである。

ワルシャワ陥落の知らせがパリに届いたのは九月十六日から十八日にかけてである。各紙は政府批判を強め、「ワルシャワは平静である」としたセヴァスティアニに対する批判が殺到した。他方、ロシアはその後国際的影響力を強め、ベルギー国境の決定にも口を出した結果、ベルギーに不利なものとなった。

プロイセン

オーストリアとプロイセンは、ロシアとともにポーランドを分割した国であり、国内にポーランド人住民を抱えていたが、蜂起に対する反応はそれぞれ異なる。

まず、プロイセン政府の蜂起への対応からみてみよう。ベルリンに十一月二九日の報が届いたのは十二月三日である。チャルトリスキはプロイセン政府に対し、騒動はじきに収まるからプロイセンに波及することはない、と伝えて安心させた。王国側にとって、プロイセンの中立を確保することが何よりも重要だったのである。チャルトリスキは十二月半ば、ニコライ一世の岳父にあたるプロイセン王フリードリヒ・ヴィルヘルム三世に、ロシアとポーランド王国との交渉の仲介を要請した。これに対しプロイセン外相ベルンシュトルフは、「ポーランドのための仲裁など考えられない。それはロシアを怒らせるだろう」として、要請を拒否した。

国内のポーランド人の動きを警戒するプロイセン政府は、総じて蜂起に批判的であった。『戦争論』の著者として名高いクラウゼヴィッツ将軍は、武力による速やかな蜂起鎮圧を主張していた。彼はポズナン大公国とポーランド王国の国境に配備された八万の警備隊を指揮したが、一八三一年三月にコレラに感染して亡くなる。

とはいえプロイセン政府は、王国へ鎮圧軍を派遣することはなかった。ロシア軍が容易に王国軍を敗北させるだろうと考えていたうえ、ロシアも援軍を要請してこなかったからである。だからといってプロイセンが王国の動向を静観していたわけではない。プロイセン政府は二月、ポーランド王国への武器輸出を禁止した。これによりシロンスク地方では銃一万挺、夏にはイギリスから王国に宛てられた一万六千挺の銃が没収された。またプロイセンはロシア軍に有能な将軍を送り込んだうえ、ロシア軍が武器を所持したままプロイセン国境を越えることも許可した。歴史家ザイェフスキは、こうしたプロイセンの援助なしにロシア軍の勝利はなかっただろうとしている。加えてプロイセン政府は、外国からのポーランド銀行や国民政府への送金を禁止した。これによりプロイセンとポーランド王国間の商取引は麻痺し、王国経済は大打撃を受けた。プロイセンの郵便局に配置されたスパイは、ポーランド王国側の情報をロシアに流していた。このようにして、プロイセン政府はロシアに貢献していたのである。

その一方、プロイセンはロシアの外交政策を全面的に支持していたわけでもなかった。蜂起開始前、フリードリヒ・ヴィルヘルム三世はニコライ一世からのベルギーへの共同派兵要請を拒否していた。それは財政的理由と同時に、ベルギー派兵がハンブルクやベルリンなどで起きていた自由主義運動を刺激すると考えたためでもある。ポーランド王国への安易な鎮圧軍派遣は国内情勢をさらに混乱させかねなかった。プロイセンは、ロンドン会議ではベルギー独立承認に回った。

オーストリア

次に、オーストリア政府の反応をみよう。オーストリアは蜂起前夜、露土戦争後のバルカン半島におけるロシアの影響力拡大に神経をとがらせていた。宰相メッテルニヒはニコライ一世に不信を感じながらも、フランスの七月革命に衝撃を受け、ロシアとの協調姿勢をとっていた。ただしベルギー問題に関しては、ロシアと歩調を合わせず、武力介入には慎重であった。財政的理由のほかに、国内の民族運動への影響を恐れたためでもある。

十一月二九日の蜂起の報がウィーンに届いたのは十二月五日である。その報にメッテルニヒは驚きと同時に安堵も覚えていた。国内にいるポーランド人への影響を危惧しながらも、ロシアが陥った苦境を密かに喜んでいたためである。ポーランド王国に憲法や議会、軍隊を認めることに当初から反対していた彼は、ロシアがウィーン会議でポーランド人に譲歩し過ぎたために今回の事件が起きたと考えたのである。

しかしながらウィーンの対応は一様ではなかった。ポーランド王国の蜂起勢力を敵視したメッテルニヒに対し、内務大臣コロヴラトは蜂起を利用してロシアを弱体化させようと考えていた。ポーランド人が多く住むガリツィア地方の軍県知事ロプコヴィチやワルシャワのオーストリア領事も同様な考えを持ち、ポーランド人に好意的な態度を示していた。そのためこの地域で王国への志願兵や蜂起への援助がみられたのは、前述のとおりである。

一方チャルトリスキは、オーストリアの親ポーランド的な政治家らに期待し、ウィーンに住む弟にオーストリア政府との交渉を任せた。彼はコロヴラトと協力して、フランツ一世を介してニコライ一世との交渉の糸口を得ようと努力していた。しかし英仏政府が一向に王国への援助に動かないのをみたチャルトリスキは、驚くべき計画を立てた。オーストリア政府に対し、ポーランド王国の王位をハプスブルク家の人間、とくにフランツ一世の弟カール大公に提供することを提案したのである。チャルトリスキにはオーストリアが三分割国中最も寛容な国に思えたこと、王国の王位にハプスブルク家の人間を据えることで、蜂起に対する国際的批判をかわせると考えたためである。だが、ロシアの反発を懸念したメッテルニヒは、この提案を断ったばかりか、ペテルブルクに通報し、ロシア側に協力しているようなふりをしたのである。なお、ポーランド王国の国民政府の中では、この計画を後で知ったレレヴェルがチャルトリスキに詰め寄り、大喧嘩となった。

一八三一年三月、チャルトリスキはポーランド問題を討議する国際会議を組織する目的で、ウィーンにアンジェイ・ザモイスキを派遣した。グロフフ、イガニェにおける王国軍の優勢を背景にしてのことである。だが、ウィーンにはそのすぐあとに、オーストリア国境を越えて降伏したドヴェルニツキ部隊の情報が届いた。それを知ったメッテルニヒはザモイスキに、ポーランドのために交渉するつもりはない、と明言した。その後、王国軍の苦戦が伝えられるに従い、オーストリアの親ポーランド的政治家たちも王国政府に冷淡になっていく。ポーランド系住民の蜂起支援に対する妨害も増え、投降者の扱いも手荒になった。

　その理由として、十一月蜂起に刺激され、オーストリア帝国内の諸民族の運動が活発化していたこともあげられる。とくにハンガリーでは、連日のように十一月蜂起を支持するデモが繰り広げられ、多くの志願兵がポーランド王国に渡った。その返礼でもあるかのように、一八四八年のハンガリー革命にはポーランド人が多く参加した。中でもベム将軍の活躍は良く知られている。

聖職者の反応

蜂起開始以来、王国社会では愛国的風潮が高まっていた。ワルシャワでは連日のように蜂起を支持する集会やデモが組織され、通りには愛国的な歌曲が流れた。こうした風潮は、ポーランド人の生活に大きな影響を与えるカトリック教会の動きと無関係ではない。カトリック教会の蜂起への対応については、教皇が蜂起に批判的だったことから、とくに高位聖職者は蜂起に消極的だったとされるが、一概にそうとは言い難い。

蜂起当時のポーランド王国には三二〇万以上のカトリック信徒がおり、ワルシャワ大司教区および七つの司教区が存在していた。その中で蜂起支持の姿勢を明白に示したのは、クヤヴィ=カリシ司教ユゼフ・コジミャンとクラクフ司教カロル・スクルコフスキである。コジミャンは、「聖職者も祖国のための犠牲を怠ってはならない」として聖職者に蜂起への参加を呼びかけたが、一八三一年一月に没した。またスクルコフスキは、信徒への手紙に、「亡き祖国の声を耳にした息子たちが、侵入者を蹴散らす旗のもとに集まった」として蜂起を歓迎し、「民族と信仰のための闘い」に参加するよう促した。高位聖職者は元老院に席を有しており、その大半がニコライ一世の廃位文書に署名している。その一方で、ポドラシェ司教のように蜂起に反対する者もいた。占領された王国東部やウクライナなどの高位聖職者は、弾圧を怖れて沈黙を守った。

これに対して、下位聖職者には熱心な蜂起支持者が多かった。ミサで蜂起支持を訴えたり、国民政府の声明を読み上げたりする司祭もいたという。王国軍に志願する聖職者も後を絶たなかった。後述するプワスキ神父やシンガルスキ神父は愛国協会急進派で活躍した。リトアニアのカトリック聖職者はとくに愛国的で、ヴィルノのパルチザンには三五〇人以上の聖職者がおり、ロシアの官憲は司祭への監視を強めた。

また、国民政府の呼びかけに応じて寄付を行った教会や修道院も数多い。ベルナルディン会修道院は一万ズウォティのほか、金銀などの貴金属も寄付した。「黒いマドンナ」のイコンで有名なヤスナグラ教会は金二キロ、銀九〇キロを寄付した。フウォピツキは教会に鐘の供出を呼びかけ、その結果、六九の鐘が集まった。修道女は病院で傷病兵の看護にあたった。

これに対し、ユニエイト（ギリシャ・カトリック）の聖職者とその信徒は概して、蜂起に消極的だった。プロテスタントも蜂起に消極的だったとされる。とりわけ一八二〇年代に王国西部に多数入植したドイツ系住民は蜂起に敵対的だった。ウッチとズギエシの町では、一八三一年八月にロシア軍と協力して王国軍と戦った住民は二五〇〇人に及んだ。

王国人口の約一割を占めるユダヤ教徒は概して、蜂起に消極的だった。とくに東部地域では、ロシアの報復を恐れてロシア軍に協力する共同体も多かった。これに対してワルシャワのユダヤ人共同体は、蜂起に協力的であった。彼らはそれまでのユダヤ人税に加え、蜂起時には十一万ズウォティの追加徴税に応じた。また保安警備隊に属し、首都の防衛にあたる者もいた。

農民問題と政府・議会

ニコライ一世の国王廃位決議以来、蜂起政権を担っていたのが国民政府と議会である。国民政府の権限は弱く、議会の決定に左右されたものの、戦いを続けるために予備軍の招集や寄付の呼びかけなど様々な政策を打ち出した。とりわけ重要だったのは、開戦によって赤字に転じた王国財政の立て直しである。政府は官吏の給与削減など厳しい緊縮財政を行いつつも、税の引き上げに踏み切らざるをえなかった。しかし戦争に伴う景気の悪化により、軍関係以外の産業部門の生産は伸び悩んだ。そのうえロシア軍によってヴィスワ河東岸地域が占領されると、税収はさらに減った。

戦況の悪化と重税によって、国民政府は様々な方面から批判を浴びた。政府内でも意見はなかなかまとまらなかった。このように様々な問題を抱えていたとはいえ、国民政府は当時のヨーロッパにおいて検閲制度を設けなかった唯一の政府とされる。一八三〇年十二月に廃止された検閲制度は、フウオピツキらにより何度か復活が試みられたが、結局、蜂起の終焉まで導入されなかった。この点で国民政府は民主的と言えるが、それは裏を返せば、様々な陣営からの批判を許すことになり、政権の舵取りをさらに難しくするものだった。中でも愛国協会やカリシ派の人々が問題にしたのが、農民改革をめぐる議論である。

フウォピツキが、蜂起がジャコバン的「社会革命」ではなく「国民的な革命」であることを強調し、農民問題を扱おうとはしなかったのに対し、愛国協会の人々は農民問題を重視していた。ただし愛国協会に一致した解決案があったわけではない。中にはザレスキのように即時の農民解放を要求する者もいたし、クレンポヴェツキのように、地主に賠償金を支払った後に農民に土地所有権を与えるべきとする者もいた。だが多くの会員は、せいぜい賦役の廃止と地代の金納化を求めるにすぎなかった。

地代の金納化は、王国西部の一部の地主たちによって蜂起前から進められていたことは第一章で述べたとおりである。カリシ派のオストロフスキ兄弟は、自領で地代の金納化を実施していたばかりか、王国軍に参加した農民に対し六モルギの土地を与えた。

カリシ派の中でとくに農民問題の解決に熱心だったのが、ヤン・オルリヒ・シャニェツキである。自領で農民解放を進めていた彼は、一八三一年一月に議会で、国有地の一部で始められた地代の金納化を、農民への土地所有権付与を見据えたものにするよう提案していた。

農民生活の改善は政権内でも早くから検討されていた。内務警察委員会はロシアとの戦いを念頭において一八三一年一月に、塩税の引き下げ、入隊者の妻の賦役免除や刑罰の軽減、退役軍人の生活保障、戦場の兵士への土地付与などを提案している。二月には国民政府も、天候被害を受けた農民への保障を計画していた。レレヴェルは障害を負った兵士に賠償するために、国有地の一部売却を主張している。内部対立の絶えない国民政府ではあったが、少なくとも賦役の軽減措置に関してはほとんど全員が賛成していた。しかしそれを実現するには、議会の承認が必要だった。

農民改革を求める声は、グロフフの戦いにおける農民兵の目覚ましい活躍に後押しされた。彼らの戦いぶりにはフウォピツキさえも感銘を受けたことは前述したとおりである。

三月二八日にカリシ派のビェルナツキ蔵相は議会で、農民解放を見据えた地代の金納化を国有地で行うことを提案した。彼は、「我々の革命は、国民の大多数を占める人々に幸福と適切な生活を与えるという素晴らしい目的を持っている。世界に向けて、ポーランド人が国民の真の幸福を実現できることを示そうではないか」と演説した。愛国協会のロマン・ソウティクもこの提案を支持し、「私は農民が祖国への愛を示すのを見た。大鎌を手にし、食糧もない数万の農民を私は率いた。その中で家に帰ることができた者はいなかった。私はこの階級のために声をあげる。そして議員の皆さんに、彼らのために為すことは祖国のために為すことだと請け合う」という長い演説を議会で行った。

シャニェツキも、「我々議会は、封建制度の最後の砦である賦役の廃止を表明しようではないか。この決定によって、ポーランドがヨーロッパ文明の高い水準にあり、幸福と真の自由を手にしていることが示されるだろう。自由な土地所有者となった数百万の人々が祖国の防衛にあたるだろう」と述べた。

この日の議論は四月に国有地における地代の金納化という穏健な内容の法案にまとめられたが、その法案でさえ賛成者は三三人に留まった。反対する一〇〇人以上の議員が議場から立ち去り、法案は可決されなかった。反対者は、国有地に限る改革であっても、伝統的経営から農民が逃亡することを恐れたのである。なお、当時の代議員の約七割は中流シュラフタ（三〜五村以上所有）であった。彼らの中でさえ賦役廃止に反対する者が少なくなかったとすれば、貧しいシュラフタの間では反対者はさらに多かったことであろう。

シャニェツキは議会での決議後、農民を救うために自ら「民衆友好協会」を設立した。だがそれは慈善的性格が強いうえ具体的支援策もなく、大した成果をあげられなかった。シリフィンスキをはじめ左派や社会主義時代の歴史家は、議会で法案が可決されなかったことを、シュラフタの「階級的エゴイズムと自己愛の結果」として批判している。しかし蜂起の主たる担い手であるシュラフタの多くが賦役労働に依存している現実がある限り、法案の可決は難しかった。

地主の中には、武器を手にして戦う農民の姿に怖れを感じる者も多かった。彼らの不安は故ないことではない。議会で賦役廃止法案が否決されたことを知った農民たちの中には、地主や国家に反抗する者が現れた。絶望した農民の目には、ロシアとの戦争が「領主の戦争」に映っていた。六月初め、カリシ県で数千人の農民が領主館を襲う事件が発生した。クラクフ県では武装した農民が、「モスカルたちに味方しよう。その前にシュラフタを殺そう。奴らが俺たちの不幸の原因だ」と叫んで行進した。こうした事件の数は多くなく、すぐに鎮圧されたものの、その噂は広まり、社会不安をかきたてた。

六月半ば、シャニェツキは新たに、議会に平民動員法案を提出した。これは農民に対し、入隊と引き換えに土地所有権を与えるという内容だった。この法案も議会で強い反対にあい、廃案となった。

その代案として国民政府が六月二一日に提出した新たな平民動員法には、賦役の廃止や農民兵士への耕作地の付与などの措置は一切つけられていなかった。結局、農民は蜂起に生活改善を期待できないどころか、戦場でもシュラフタ＝地主への絶対服従を強いられたのである。徴兵数は十戸あたり歩兵一人、五十戸あたり騎兵一人とそれほど多くないが、農民の反発は強く、とくに農繁期を前にして、軍隊からの脱走者が増えた。ウェプコフスキは、平民動員法はかえって王国軍を弱める結果になったとしている。

六月二九日

ワルシャワの人々もロシア軍との戦いに備えていた。もとよりワルシャワでは、一八三〇年十二月に治安維持目的で、一八歳から四五歳までの男性から成る国民防衛隊と保安警備隊が組織されていた。国民防衛隊は不動産所有者や高額納税者などの富裕層が対象であったが、増員のために納税額の基準が下げられ、二月九日には六二三七人を数えた。保安警備隊は王国軍への支援を目的として全国の都市や農村につくられた。ワルシャワの場合、約一万五千人の保安警備隊は主に労働者や徒弟など下層の人々から成り、ユダヤ人も含まれていた。女性たちは、寄付金集めや医薬品や包帯などの準備、傷病兵の看護やその家族の慰問活動にあたった。

戦況に話を戻そう。五月二六日のオストロウェンカでの戦いは、ポーランド王国軍にとって決定的敗北だったわけではない。イギリスの『タイムス』紙は六月八日、「ディーヴィチは平凡な勝利を挙げたすぎない」と報じている。ディーヴィチも王国軍の敗北を知らずに、オストロウェンカからプウォツクへと兵を進めていた。

それにもかかわらず、兵を置いてワルシャワに戻ったスクシネツキは動こうとはしなかった。連日、外国の新聞を読んで列強の動きを探ったり宴会に顔を出したりして、王国軍の視察に足を運ぶこともしなかった。そうした彼の姿に、国民政府も議員らも不安を募らせた。戦いに戻るよう要請する議会の代表に対し、スクシネツキは戦いの続行を約束したものの、一向に動こうとしないばかりか、敗北の原因を国民政府や議会のせいにした。彼は司令官の地位を守りながらも、外交交渉による解決を期待していたのである。

六月十三日、ワルシャワにディーヴィチ将軍の訃報が届いた。司令官を失ったロシア軍は動きを止めた。王国軍にとって攻撃の絶好のチャンスである。プロンジンスキはスクシネツキに、ロシア主力軍を攻撃するよう強く進言したが、拒否された。国民政府はプロンジンスキから戦場におけるスクシネツキ

14. ワルシャワの保安警備隊

の態度についての報告を受けたが、有効な対策を打てないままだった。

世論は沸き立っていた。急進的な『ノヴァ・ポルスカ』紙は六月九日、「軍隊にはまだフウォピツキの取り巻きや模倣者がいる」と書きたて、司令官の交代を要求していた。チャルトリスキに説得されたスクシネツキは、六月十六日にやっと重い腰を上げ、ルブリン地方にいるロシアのリューディガー部隊とクロイツ部隊を撃つことにした。プロンジンスキは自分が攻撃部隊を率いると申し出たが、スクシネツキはそれを拒否し、自分が将軍に昇格させたばかりのアントニ・ヤンコフスキに攻撃させることにした。

ところがヤンコフスキは部隊を計画どおりに動かすのに失敗したうえ、劣勢だったリューディガー部隊に敗北を喫したのである。クロイツ部隊も王国軍の動きを察知して事前に移動したために、王国軍は無駄に兵を動かしただけに終わった。

誰もが勝てると思った戦いの敗北の報に、六月二四日の新聞は、ヤンコフスキおよび攻撃に加わったルドヴィク・ブコフスキ両将軍を批判する記事を書きたてた。両名は命令不履行の罪で、軍事法廷で裁かれることになった。法廷で両名は、不適切な命令に従っただけだと弁明したが、命令を下したスクシネツキ自身が罪に問われることはなかった。その時、発言を求めて立ち上がった議員が、ワルシャワにはスパイが跋扈していること、その中にヤンコフスキやブコフスキが含まれているとし、他にもスパイとして数人の名を挙げたのである。法廷は大混乱に陥った。バジコフスキは、この事件はプロイセンのベッケンドルフ将軍が仕組んだものとするが、真相は不明である。なお、スクシネツキはこの機会を利用して、対立していたクルコヴェツキを辞任させた。

巷ではスパイの噂でもちきりだった。指揮官や政治家の中にロシアに味方する者がおり、その中心はフルティヒ将軍だ、ヤンコフスキもブコフスキも買収されている、などという噂が飛び交った。

六月二九日、とうとうワルシャワで暴動が起きた。群集は、スパイの一味とされた菓子屋のショーウィンドーを割り、ユゼフ・フルティヒ将軍の邸に向かった。国民防衛隊が止めようとしたが空しく、群集はフルティヒ将軍の家を取り囲み、「裏切り者に死を！」と口々に叫んだ。「市民諸君！　私は無実だ！」と叫んだものの、石が投げつけられた。「裏切り者に死を！」の叫び声とともにさらに多くの人々が集まった。国民防衛隊が何とか将軍を王城に連行したが、その途中、将軍は肩章を剥ぎ取られ、軍服を破られ、殴られた。王城前の広場に詰めかけた群集の中には、女性や子供までもいたという。そして口々に、「裏切り者を吊るせ！」「ヤンコフスキを出せ！」と叫んだ。

その場に馬車で通りかかったチャルトリスキは青ざめ、「正義を示せ！」と拳を挙げて叫ぶ民衆に対して、二四時間以内に裏切り者を処罰すると約束した。しかし約束は果たされず、民衆は怒りと不安を募らせた。

八月十五日

その頃、ロシア軍の新司令官にイヴァン・パスキェヴィチ将軍が就任した。ロシアの新司令部は、ワルシャワから約六〇キロ離れたプウトゥスクに置かれた。七月十八日、ロシア軍主力部隊は王国軍の反撃を受けることなく悠然とヴィスワ河を渡った。目と鼻の先に敵が迫っているにもかかわらず、スクシネツキはなおも動こうとはしなかった。そんなスクシネツキを批判する声が議会でさらに強まった。司令官の副官さえスクシネツキを辞任させるようチャルトリスキに進言した。だが、七月二七日の軍法会議は、開き直ったスクシネツキを司令官から外すことなく終わった。戦う気のないスクシネツキに、プロンジンスキは即座に軍を動かし敵の侵攻を阻むことを強く主張し、他の出席者もそれに同意した。戦いの続行を迫られたスクシネツキはいったんワルシャワを離れたものの、ボリムフで軍を止めたまま何もしなかった。

八月十日、ボリムフにチャルトリスキと議会代表が事態を確認するためにやって来た。スクシネツキは彼らに対し悪びれることなく、「皆さんは敵をやっつけるのを助けに来て下さったのですね」と軽口をたたいた。その時、議会代表が六九人の将軍から聴取した結果、二〇対二一で反スクシネツキ派が上回った。残る二八人は、「命令に従っているだけ」と答えた。聴取の結果を受けて翌十一日、とうとうスクシネツキは辞めさせられ、ヘンリク・デムビンスキが新司令官に任命された。

何故、もっと早くスクシネツキを解任できなかったのだろうか。それには、軍の高官の中に、戦いより皇帝の恩赦を期待する者が少なくなかったこと、国民政府に軍司令官を辞任させる権限がなかったことなどがあげられる。チャルトリスキ自身、スクシネツキに期待をかけ司令官に任命した手前、強い反対はできなかったのである。

新たに司令官となったデムビンスキは、第三章でみたように、リトアニアからポーランド王国に部隊を連れ帰った数少ない将軍の一人である。帰路、彼の部隊はロシア軍と戦い、一〇〇〇人を捕虜とし荷車六千を奪うなど戦功を挙げていた。デムビンスキが軍司令官任命の知らせを受けたのは、ワルシャワへ帰る途上であった。疲れきった兵士の中には、猟銃を持った平民の兵士も混じっていた。帰還したデムビンスキ部隊は、「ポーランド未だ滅びず」の歌で歓迎された。こうして王国軍の建て直しを期待されたデムビンスキであったが、彼の司令官就任はのっけからつまずく。八月十三日、スクシネツキが馬上から「デムビンスキ万歳！」と叫んだのに対し、将兵の間から「スクシネツキ万歳！」という声が上がったのである。結局、デムボフスキは右も左もわからぬまま、スクシネツキの指示に従う他なかった。

デムボフスキは軍人としては有能だが、司令官としては問題があったとされる。この時の将兵の対応については、堂々としたスクシネツキに対し小柄で風采の上がらぬデムボフスキの姿を見て、スクシネツキに付き従ってきた将兵がデムボフスキに物足りなさを感じたといわれる。将軍らの中にデムボフスキを疎ましく思う者がいたという説もある。いずれにせよ、司令官の交替は意味をなさなかった。

一方ワルシャワでは、ロシア軍の接近が伝えられる中、物価が高騰し、食糧が不足し始めたうえ、コレラが流行り出していた。王国軍司令官はまだスクシネツキのままだと思われており、街頭には、「スクシネツキはボリムフに退いた。裏切りだ！」と書かれたビラが撒かれた。住民の不安や怒りの高まりを背景に、愛国協会の動きが活発化していた。会員は増え、その集会には誰でも発言が許された。この頃の愛国協会は、レレヴェルやモフナツキらの右派と、アレクサンドル・プワスキやイグナツィ・シンガルスキらの急進派に分かれていた。右派は、愛国協会に物分かりの良い態度を示していたクルコヴェツキ将軍を政権に据えようとしていたが、急進派は、民衆による社会革命を期待していた。

八月十五日、ワルシャワで衝撃的な出来事が起こる。その日は朝から様々な噂が流れていた。その夜開かれた愛国協会の集会では、急進派の会員が大勢の聴衆を前に、スクシネツキらを厳しく批判していた。「兵士は戦いたいのに、指揮官らは戦いを望まない。これは裏切り行為である。」これに応えた聴衆は、「裏切りだ」と繰り返しながら表に出た。「政府も裏切っている」「政府のもとに行こう」という群集の声に応えて、愛国協会急進派のヤン・チンスキは、国民政府に説明を求めるために代表団を結成し、政府が拠を置いている総督邸に向かった。群集も彼らに従った。総督邸の前には約三千人が集まっていた。チャルトリスキ首相は代表団を迎え、「状況は困難だが、

15. ワルシャワの防塁建設

絶望的ではない。もしも万が一、ポーランド軍が負け、敵がワルシャワに入って来るようなことになったら、町は焼け野原になってしまうだろう」と言い、国民の利益に沿った決定をすると述べた。その時バジコフスキは代表団に、「愛国協会のやり方はかえって状況を悪くしている」としたため、言い争いになった。

代表団は総督邸を出て、民衆に国民政府の回答を伝えた後、いったん家に帰るように促した。ところが、民衆の怒りは収まらなかった。「王城だ！」と誰かが叫んだ。王城にはスパイ容疑で逮捕された将軍らが収監されていたのである。群集は、「王城へ行こう！」「裏切り者に死を！」と叫びながら、王城に向かって動き始めた。怒った群集を前に、王城の警備兵は恐れをなして逃げた。扉が破られ、群集は王城の中に入り、スパイ容疑者を捜し出して、殺した。最初の犠牲者はヤンコフスキ。続いてブコフスキ、サワツキ、フルティヒといった将軍らが犠牲となった。式武官やロシア人女性、銀行員もスパイとして殺された。群集はそれでも収まらず、遺体を街灯に吊るした。

さらに群集は二手に分かれ、スタレミャスト地区とヴォラ地区にある、スパイが匿われているとされる建物を襲い、容疑者らを殺して回った。その時、身の危険を感じたチャルトリスキは、将校の制服に着替え、馬で王国軍主力部隊のいる宿営地へと逃げた。

翌日、犠牲者の遺体が街灯に吊るされた恐ろしい光景がワルシャワのあちこちで見られた。八月十五日から十六日にかけて殺された者は三四名にのぼる。ウェプコフスキはこの事件を、政治的転覆を伴わない民衆の反乱としている。この事件は愛国協会左派の集会がきっかけだが、彼らがこうした事態を画策していたわけではない。

　国民政府は十六日に会合を開いたものの、なすすべがなかった。チャルトリスキ首相はおらず、事件を利用して民衆の怒りを敵に向けるべきだとするレレヴェルの意見は現実味を欠いていた。バジコフスキは政府の辞任を提案し、同意された。議会は、国民政府に代わる臨時政権をヤン・クルコヴェツキ将軍に委ねることにした。

クルコヴェツキ将軍

八月十六日、国民政府は前日の事件の責任をとって辞職した。議会委員会によって首相に選ばれたのはヤン・クルコヴェツキ将軍である。この時、議会は事態の緊急性を考慮して、クルコヴェツキに独裁官に近い大幅な権限を与えた。一七七三年生まれの大貴族である彼は、ワルシャワ公国軍で数々の戦いに参加し、一八一二年戦役では重傷を負った。ポーランド王国軍では昇進を重ねた。蜂起開始後は早期に蜂起支持に回り、ビャウォウェンカの戦いなどで活躍、一八三一年三月にワルシャワ軍県知事に任命された。彼に危機的状況の打開を期待したのは、議会で発言権を強めた愛国協会右派の人々である。

クルコヴェツキに寄せられた期待は一致したものではなかった。徹底抗戦を唱える人々は彼が戦いを勝利に導くことを望んでいたのに対し、保守派は速やかな秩序回復すなわち戦争終結を期待していたのである。また議会は、クルコヴェツキに大幅な権限を認めたにもかかわらず、彼の行動に口を挟み、決断を鈍らせた。

16. ヤン・クルコヴェツキ

　クルコヴェツキ自身の態度も矛盾したものだった。就任当初彼は、秩序回復と抗戦体制を築くために精力的に動いているかのように振る舞った。先の大臣を解任し、副首相にカリシ派のボナヴェントゥラ・ニェモヨフスキ、外相にテオドル・モラフスキを任命するなどして、国民政府を刷新した。だが、新たに任命された大臣らはクルコヴェツキとしばしば対立した。首相顧問となったレレヴェルは全く無視された。それどころかクルコヴェツキは、八月十五日の事件の責任を愛国協会に負わせ、解散させようとして急進派会員を一時逮捕したものの、副首相らに反対されたため解放した。またワルシャワ軍県知事に降伏支持派の人物を据えたことで、徹底抗戦を望む市民の怒りを買った。

　クルコヴェツキは軍隊の建て直しを急いだが、うまくいかなかった。軍からスクシネツキを遠ざけ、デムビンスキに代えてカジミエシ・マワホフスキを新たに司令官とした。だが、六六歳のマワホフスキは融通が利かず、クルコヴェツキと対立することもあった。二人の命令が異なることもしばしばで、軍の混迷は解消されなかった。また、クルコヴェツキと折り合いの悪いチャルトリスキは、ワルシャワを離れてラモリノ部隊に加わっていた。しかし大貴族の多くはチャルトリスキを指導者とみなし続けていたため、クルコヴェツキは政権内だけでなく、富裕層や軍上層部の支持も薄かったのである。

歴史家によるクルコヴェツキの評価も分かれる。シリフィンスキは彼を、「野心家で軽薄な策士」と批判している。ザイェフスキやウェプコフスキは、クルコヴェツキが八月十五日のような流血の惨事の再発を避ける目的で首相の座に就いたとする。クルコヴェツキの希望とは、ポーランド王国を十一月二九日以前の状態に戻すこと、蜂起参加者全員の恩赦を受けることであり、あわよくばその後、王国総督になることも考えていたかもしれない。

さて、ワルシャワにはロシア軍が四方から迫りつつあった。北西部からはパスキェヴィチ率いる主力部隊（七万七千人、三九〇砲）が迫り、東南部からはローゼン部隊など四万八千の兵が近づいていた。これに対しポーランド王国軍は、ザモシチやモドリン要塞などにいる兵を合わせれば約八万、うちワルシャワ近郊にいる者は約五万六千だった。ただしその多くが戦闘経験の浅い兵士であるうえ、士気も落ちていた。

にもかかわらず、クルコヴェツキはワルシャワの防衛に楽観的だった。作戦会議では、三つの案が検討された。第一は、ワルシャワにおけるロシア軍との徹底抗戦。第二は、ポーランド軍を二つに分け、一つはワルシャワに残し、もう一つは首都を離れる。後者は籠城した場合に備え、不足気味の食糧を確保する部隊とロシアの分遣隊を撃つ部隊に分ける。第三は、ワルシャワを諦め、リトアニアにいる軍と合流して戦う。第三案は、「冒険的」としてただちに却下された。

議論の結果、第二案が採択された。首都防衛には三万五千人で十分であろう。その他はプウォツク

17. イヴァン・パスキェヴィチ

に向かうウビエンスキ部隊と、東南部に向かうラモリノ部隊に分ける。ワルシャワ防衛を軽視したこの選択は、後に痛恨の事態を引き起こすこととなる。後述するように、実際の首都防衛には多数の兵員を必要とした。にもかかわらず、分遣隊はワルシャワにすぐに駆けつけられないほど遠方にいた。それどころかウビエンスキ部隊が向かった先には、戦うべきロシア軍はすでにおらず、食糧調達にも失敗し、ワルシャワへの即時帰還は難しかった。二万の精鋭部隊を率いるラモリノ将軍は、ロシア軍を叩けないどころか、クルコヴェツキの出したワルシャワ帰還命令を再三にわたって無視する始末だった。

ところで、ロシア軍主力部隊を率いるパスキェヴィチ将軍は九月四日、ワルシャワ攻撃を前にして王国側に交渉を提案してきた。彼は王国側の情報を掴み、ロシア側の優勢を知りながらも、首都攻撃のさい大きな犠牲を払わねばならないことを懸念したのである。クルコヴェツキにロシアとの交渉を任されたプロンジンスキは、ロシア側の代表ダンネンベルク将軍との会談において、ポーランド王国軍が降伏するならば憲法は守られ、蜂起参加者は恩赦を得られるという好条件を提示された。これを聞いたクルコヴェツキは降伏に傾き、大臣らを集め交渉を始めようとしたが、ニェモヨフスキらの反対にあい、交渉は決裂した。

ワルシャワ陥落

九月五日、七万七千人のロシア軍主力部隊がワルシャワに迫った。翌九月六日朝五時、ロシア軍はワルシャワ西部のヴォラ地区への攻撃を開始した。ポーランド側にとっては不意をつかれた形だった。というのも、クルコヴェツキはロシア軍が南方から攻撃してくるだろうと確信し、兵をワルシャワ南部に集めていたからである。

猛烈な砲声が郊外に作られた防塁を覆った。オルドン部隊が守る西部の防塁では、敵味方合わせて二〇〇人が犠牲になった。その奮闘ぶりはミツキェヴィチの詩で称えられている。

ロシア軍がさらに向かったヴォラの砦は、高い壁と深い溝で囲まれ、入念に築かれており、ユゼフ・ソヴィンスキ将軍とその部隊が守っていた。だが、守備に四千人は必要とされる砦にはわずか一三〇〇人の兵しかいなかった。ソヴィンスキ将軍の英雄的な戦いぶりは後々まで語り継がれている。彼は一八一二年戦役で片足を失った年配の退役軍人であった。だがロシア軍のワルシャワ接近を知ると、マワホフスキ司令官に、最も危険な場所で戦闘の指揮を執らせてもらえるよう頼んだ。その場所がヴォラの砦であった。

ロシア軍は百門の大砲で二時間にわたり砦を砲撃し続け、砦の壁が崩れると、「ウラー」という叫び声とともに兵士が内部になだれ込んだ。ロシア兵の銃剣に刺される者や、瓦礫の下になって命を落とす者が続出した。捕虜となった百名の中には、兵を率いて駆けつけたヴィソツキも含まれていた。援軍は少なかった。ワルシャワ南部を守るウミンスキ将軍は、偽の情報に惑わされて、ヴォラ地区への援軍を不要と考えていたのである。マワホフスキ司令官は戦況を全く把握していなかった。ヴォラの戦いを聞いて駆けつけたベム将軍の手記によれば、途中で出会ったクルコヴェツキやマワホフスキはヴォラの戦いに無関心にみえた。すぐに援軍を出していたら間に合ったであろうに……。

ロシア軍の激しい攻撃を受けて、ソヴィンスキ将軍は砦内にある教会の方に退却しようとした。その時、傍にあった王国軍の大砲に気づいた。敵の一群が将軍に向かってきた。将軍は動じず、不自由な足で地面に落ちていた銃をとりあげ、砲台に寄りかかって応戦しようとしたところに、銃撃を受けた。木の義足が地面に刺さり、将軍は立ったまま亡くなった（口絵3）。

ロシア軍は十時半にヴォラ地区を占領した後、ウミンスキ部隊が守る南部を攻撃してきた。ヴォラの陥落は王国軍に大きな衝撃を与えた。クルコヴェツキはその知らせを聞くと、頭を抱え、「すべてを失った！」と叫んだ。彼は首都の防衛を不可能と考え、降伏交渉に入ることを決意していた。都合の良いことにその時、パスキェヴィチ将軍が和睦を申し入れて来た。実は、ロシア軍もその日約三千の兵を失っており、戦いの早期終結を願っていたのである。ロシア側との仲介はまたもやプロンジンスキだった。「数々の戦いで活躍してきた主戦派の彼が、まだ砲声の聞こえるさなかにロシア側との交渉役に当たるとは何たる悲劇か」と、ベム将軍は後に書いている。

九月七日午前九時、プロンジンスキがお膳立てしたパスキェヴィチとクルコヴェツキの会談では、前者は終始強硬な姿勢を崩さず、「叛徒」の即時無条件降伏を迫った。クルコヴェツキは激怒し、会談は決裂した。その後、パスキェヴィチに代わってロシア側の交渉代表となった皇弟ミハイル公とクルコヴェツキが話し合った結果、妥協案がつくられた。それは、ニコライ一世を国王とみなしワルシャワを明け渡す代わりに、ポーランド王国の存続と蜂起参加者の恩赦を得る、という内容だった。クルコヴェツキはロシア側に、文書への署名にあたり議会の承認を得るため十三時まで攻撃を中止するよう要求し、受け入れられた。ところが、クルコヴェツキが持ち帰った降伏案は、ニェモヨフスキ副首相とモラフスキ外相に反対された。十時に開かれた議会では議論が白熱し、約束の時間が過ぎても結論が出なかった。十三時半、とうとうロシア軍の三〇〇の砲声が轟き、戦闘が再開された。

一方、議会はクルコヴェツキに交渉継続を依頼したため、再度プロンジンスキが代表としてロシアの陣営に送られた。この時、ロシア側代表のベルク将軍はクルコヴェツキに、無条件降伏文書に署名することを要求した。だが、少しでも有利な条件での降伏の道を探るクルコヴェツキは、降伏を認めつつも、ポーランド王国を十一月二九日前の状態に戻すことを要求する文書をベルクに渡した。しかしベルクが文書受け取りを拒否したので、クルコヴェツキはプロンジンスキに交渉継続を託した。そしてクルコヴェツキは、マワホフスキ司令官の合意なしに、王国軍にワルシャワからプラガ地区への撤退命令を出したのである。

降伏反対派のマワホフスキはそれを知ると、議会でクルコヴェツキを糾弾し、裏切り者と決めつけた。騒然とした中で、議会はクルコヴェツキの解任を決議した。絶望したクルコヴェツキは、「パスキェヴィチにワルシャワを廃墟にしろと言うがいい！」と叫んだ。

その間もワルシャワでは死闘が繰り広げられていた。ロシア軍の猛攻を前に王国軍兵士は勇敢に戦ったものの、次々と防衛線を破られ、退却を強いられた。住民の中には一刻も早い降伏を願う者が増えた。

九月六、七日の二日間の戦いにおける死傷者数は正確にはわからない。ロシア側の将兵の損失は公式発表では一万五五五九人だが、実際は一万五千人以上だったとされる。一方、王国軍の損失は七七四五人とされるが、おそらく一万人は下らないであろう。

18. ボナヴェントゥラ・ニェモヨフスキ

さて、王国側では九月七日二三時、徹底抗戦を望む急進派のボナヴェントゥラ・ニェモヨフスキが新しい首相に就任することとなった。こうした状況の変化を知らずに、プロンジンスキは深夜一時に、降伏文書への最終署名のためにベルク将軍を王国軍陣営に連れて来た。王国側の混乱を察したベルクは、王国側を追い込むために、クルコヴェツキの署名しか認めないと言い張った。議論の末、デムボフスキが出した妥協案が受け入れられ、文書は政治的な内容を含まない軍事的なものに限られることになった。つまりそれは、王国政府による降伏受諾書ではなく、ワルシャワからの王国軍撤退のみを受諾する内容であった。そればかりかそこには、王国軍に右岸のプラガ地区からの撤退まで迫る文言が付けられていた。戦闘の再開と市民の虐殺を恐れるマワホフスキは、文書への署名を受け入れた。これによって王国政府と軍隊は、ワルシャワを手放し戦いを続行することを選んだわけだが、後の歴史家たちはこの決断を「悲劇的な誤り」としている。

蜂起の終焉

九月八日朝七時、パスキェヴィチ率いるロシア軍はワルシャワに入城した。知識人や学生など降伏を拒否する人々はワルシャワを離れ、政府や軍隊とともに約四〇キロ先にあるモドリン要塞に移ることとなる。この時の王国軍には、ウビエンスキ部隊とラモリノ部隊などを合わせると約七万の兵が残っており、まだ戦えると思われたのである。両部隊には王国軍主力部隊への即時合流が命じられた。これに対しロシア軍は約八万の兵をワルシャワに配備していたが、町の警備のためにかなりの兵力を必要としていたため、これ以上の戦いを望んではいなかった。

一方、王国軍の将兵にとって、首都ワルシャワを失ったことは心理的に大きな打撃であった。分遣隊も同様だった。二万の精鋭部隊を率いるジロラモ・ラモリノ将軍は、首都陥落の報を聞くと、主力部隊への合流命令を無視して部隊を南に進めた。そして九月十七日にオーストリア国境を越え、武器を置いた。後世の歴史家から「無能かつ無責任」と非難されるラモリノは、義勇兵としてポーランド王国に来たイタリア系フランス人であり、トカシに言わせれば「革命の傭兵」にすぎない。十日後、約一五〇〇人のルジツキ部隊もオーストリア国境を越えた。

ところで、モドリン要塞にはまだ二万五千人の歩兵、六千人の騎兵、九五門の大砲が残っていた。しかし食糧や物資は不足し、軍紀は乱れ、要塞を抜け出して帰宅する将兵が続出した。一方、要塞近郊のザクロチムの町に移った政府と議会は主戦派が中心であった。政府と議会はマワホフスキ司令官がワルシャワのみならずプラガまで手放したことを批判し、マワホフスキを解任した。新司令官にはマチェイ・リビンスキが選ばれたが、実は彼も降伏を考えており、密かにベルク将軍との交渉を続けていた。一方、ラモリノ部隊の越境を知ったロシア側は、恩赦付きの無条件降伏を提案してきた。さて、リビンスキの思惑を知った政府と議会は、リビンスキを解任し、ウミンスキ将軍を新司令官に就任させようとした。ところが、軍隊は首相の命令を拒否し、リビンスキを支持したのである。蜂起開始以来、軍隊が政府や議会に逆らった初めての瞬間であった。九月二六日、絶望した国民政府最後の首相ニェモヨフスキは、議員や残った市民たちとともに最後の拠点プウォツクを離れ、プロイセン国境を越えてポーランド王国を後にした。

九月二七日、ロシアのパスキェヴィチ将軍は王国軍に対して、ニコライ一世への忠誠、王国軍のロシア軍への編入などを含む厳しい内容の最後通牒をつきつけてきた。九月二九日、王国軍は最後の会議を開いたが、結論は出なかった。ロシア軍が迫る中、無条件降伏の受諾を拒否した王国軍は十月五日、プロイセン国境を越えた。先頭にはリビンスキ司令官と指揮官らが、その後には騎兵隊や砲兵隊、歩兵隊などが続いた。その数、二万人以上に及んだ。

このように、ロシア軍の提示する降伏条件は時がたつにつれ王国側に不利な内容になっていった。にもかかわらず、なぜ政府や議会は最後まで降伏を拒んだのであろうか。その理由として、それまで何度も約束を破っていたロシアに対する不信感、さらには政府が最後の瞬間までフランス政府の介入を待っていたことなどが挙げられる。

一方、モドリン要塞にたてこもった者たちも十月九日に降伏、十月二一日にはザモシチ要塞も降伏し、戦いは終わった。


蜂起敗北後のワルシャワは荒れ果て、人々は打ちひしがれていた。大貴族アンジェイ・ザモイスキは十月三〇日、父に宛てた手紙で町の様子を次のように書いている。

「誰もがこう呟いている。もう終わったのだと。息をするのでさえ辛い。皆、夜になると最悪のことを考えながら眠りにつく。朝、起きると心が重い。忍耐するしかない。モスカルたちが報復をするからといって驚くことはないと皆つぶやいている。待つことしかできない。だが、それも辛い。数えきれぬ人々が喪に服している。手や足を失った無数の人々が物乞いをしている。パンさえない人々がほとんどだ。冬が近づいている。手に息を吹きかけながら、通りがかりの人に何らかの助けを乞うている。町の周辺の十数マイルは空き地が広がっている。恐ろしいほどの荒廃ぶりだ。」

蜂起の敗北後、ポーランド王国の政情は様変わりした。ポーランド王国には恩赦が出されたが、国民政府や議会の構成員、十一月二九日の首謀者らや八月十五日事件の参加者などには及ばなかった。死刑判決を下された者のほとんどは国外に出た後だったが、国内に残った者は重い刑を受けた。三千人以上が所有地を没収された。

ポーランド王国軍は廃止された。国内に残った兵士はロシア軍に編入され、ニコライ一世への忠誠を誓わされた。従わない者は死ぬまで殴られた。兵役は十五年、ただし蜂起で活躍した第四歩兵連隊などの兵士らは二五年を科された。国外に出た人々の子弟は強制的に徴兵された。ロシア軍に編入されたポーランド人兵は約十四万人といわれる。その多くは、戦闘の続くカフカス地方に送られた。十一月二九日の英雄ヴィソツキは、死刑判決を二度受けたが、二十年間のシベリアでの重労働に減刑された。しかし流刑先からの逃亡に失敗し、千回の殴打と足枷つきでの鉱山労働に替えられた。彼がポーランド王国の地を踏むことができたのは一八五七年になってからである。

蜂起敗北後、ロシア軍司令官だったパスキェヴィチが「ワルシャワ公」の称号を得、総督となったのは象徴的である。形ばかりの臨時評議会が結成されたが、それはツァーリに忠誠を誓うポーランド人から成り、総督に従属していた。王国には、占領軍の維持や新機構の導入などを理由に、二千万ルーブリ以上の支払いが課せられた。弾圧の対象は高等教育機関にも及んだ。ワルシャワとヴィルノの大学は閉鎖され、学問友好協会は廃止された。図書館や博物館の貴重な品々はペテルブルクへと運び出された。景気は落ち込み、発展の途についたばかりの産業は大きな打撃を受けた。

一八三二年二月二二日、西欧諸国の圧力を受けて、ニコライ一世は憲法に代わるポーランド王国の統治規約を出したものの、それは王国の自治を極度に制限したものだった。皇帝はポーランド国王としての戴冠は別個に行わない。行政評議会（＝政府）は総督に従属する。廃止された議会の代わりに国家評議会が設けられたが、その権限は著しく縮小されたうえ、一八四一年には廃止された。統治規約には人身の自由や私的所有権の保障などが唄われていたが、それが机上の空論であることは誰の目にも明らかだった。

皇帝の恩赦が及ばなかったリトアニアやウクライナに住むポーランド人はさらに悲惨だった。多くの蜂起参加者がシベリアに送られた。王国軍の中で戦ったヴォウィン地方の大貴族ロマン・サングシュコが、シベリアの流刑地までの数千キロを、足枷をつけられ徒歩で歩かされた話は有名である。領地没収や強制移住を強いられた者は五万人近くに及んだ。

弾圧はプロイセン領ポズナン大公国にも及んだ。蜂起参加者は厳しい処罰を受けた。ポーランド人は中央や地方の政治や司法機関から遠ざけられ、ポーランド語の使用も制限された。

一方、国外に留まった亡命者たちは、ポーランド王国の自治あるいは独立回復にむけて活動を始める。チャルトリスキら保守派は英仏政府に働きかけ、ロシアのポーランド王国への政策を変えさせるよう努力した。左派の人々は、ヨーロッパ諸国の自由主義者や社会主義者と連絡をとりながら、次なる武装蜂起を計画することとなる。

【史　料】

［一］ピョートル・ヴィソツキ「ポーランド王国における政府の転換と憲法の自由を守るために結成された秘密組織について」

我らは危険に取り巻かれている。国を守るために我らは命を落とすかもしれぬ。それゆえこのわずかな時を使い、我らに続く者に決して忘れてはならぬ記憶を伝えておこう。……ここに記すのは、私が隷属状態から決起せんとする民族の気高い問題に関わってきたことが無駄ではないと伝えんがためである。ただ真実を明らかにし、共に働いてきた仲間の名誉を讃えんがためである。

一八二五年のロシアの革命が意図された結果に終わらなかったことで、民族の独立を考えてきたポーランド人の運命がどうなったかは、知ってのとおりだ。議会法廷によってソウティク、クシジャノフスキ、ヴォイチェフ・グジマワ、A・プリフタらは投獄され、アドルフ・チホツキは長期にわたり監視下におかれた。* さらにはニェモヨフスキ兄弟の功績と徳ある行為の記憶が、士官学校の若者の心に愛国的情熱をかきたてている。敵は我らの兄弟の不幸を嘲笑ったが、それは精神を目覚めさせ、復讐へと駆り立てている。我らの計画を妨げているのは、西欧における現在の社会情勢とりわけフランス政府の状況、そしてポーランドでは良識ある人々の間の諍《いさか》いや、裏切りによって増幅された不信感である。だが、我らは善意の中で行動していた。とうとうロシアがトルコに宣戦を布告した。情勢は熱心なポーランド人を喜ばせる希望となって輝いた。しかしながらその時は、士官学校で断固たる企てはなされなかった。一八二八年十二月十五日になってからやっと、偶然、我が家に集まった数人の士官学校生（K・パシキェヴィチ、J・ドブロヴォルスキ、カロル・クラシニツキ、アレクス・ワスキ、ユゼフ・グロフスキ）はお互いに、ヨーロッパの政情について率直に話し始めた。憲法の規定や、国王と国民が誓った自由に抵触するにもかかわらず、抑圧下におかれている同郷人を解放する必要性や方法についても話し合った。あくる十二月十六日に私は、この話し合いのことを、確たる意見を持つことで知られる他の士官学校生、すなわちカミル・モフナツキ、スタニスワフ・ポニンスキ、セヴェリン・チホフスキに告げた。これが我々の組織の始まりである。これらの若者を眺めながら私は、心の中で祖国の将来を予感した！　私の記憶に誤りがなければ、この時行った誓いの言葉は、次のとおりである。

「神のみ前、ならびに憲法の権利や特権を侵害され隷属状態におかれた我が祖国を前にして、我らは次のことを誓う。

一、協会に関係するいかなる者の投獄も許さぬこと。たとえそれが原因で最も残酷な苦しみを受けようとも。

二、憲法を侵害させないために、あらゆる力を結束し、必要とあらば、生命を捧げる。

三、組織の拡大にさいしては、協会の会員として署名していることを確認し、慎重に行うこと。酔っ払いや詐欺師、堕落した連中は、いかなる場合にも参加させぬこと。」（ヴィソツキの署名）

＊ここに名を挙げられた人々はいずれも愛国協会の会員。

［二］行政評議会の声明（一八三〇年十一月三十日）

ポーランド人よ！　昨夜の思いもよらぬ悲しい事件により、政府は功績ある高名な市民を集め、諸君にむけて声明を発することにした。大公殿下はロシア軍に対しあらゆる行動を禁じた。ポーランド人が自らの手で二つに分かれた同胞をまとめるべきだとお考えになったからである。ポーランド人は自分の手を兄弟の血で汚しあわねばならないのか？　諸君は世界に、内乱という最大の国の不幸を見せたいと思うのか？　自らの節度ある行動のみが、奈落の底への転落を防げるのだ。秩序と平静をとり戻し、あらゆる興奮をもたらしたあの夜を忘れ去れ。

数々の不幸に見舞われた愛する祖国の将来のことを忘れるな。祖国の存続そのものを危機に晒すようなことから身を引け。

我々がすべきことは、全体の安全を確保し、法と立憲的自由を尊重して義務を果たすことだ。

郵便はがき

郵送の場合は切手を貼って下さい。

232-0063

横浜市南区中里1—9—31—3B

群像社 読者係 行

＊お買い上げいただき誠にありがとうございます。今後の出版の参考にさせていただきますので、裏面の読者カードにご記入のうえ小社宛お送り下さい。同じ内容をメールで送っていただいてもかまいません（info@gunzosha.com）。お送りいただいた方にはロシア文化通信「群」の見本紙をお送りします。またご希望の本を購入申込書にご記入していただければ小社より直接お送りいたします。代金と送料（一冊240円から最大660円）は商品到着後に同封の振替用紙で郵便局からお振り込み下さい。

ホームページでも刊行案内を掲載しています。
http://gunzosha.com
購入の申込みも簡単にできますのでご利用ください。

群像社　読者カード

●本書の書名（ロシア文化通信「群」の場合は号数）

●本書を何で（どこで）お知りになりましたか。

1 書店　2 新聞の読書欄　3 雑誌の読書欄　4 インターネット
5 人にすすめられて　6 小社の広告・ホームページ　7 その他

●この本（号）についてのご感想、今後のご希望（小社への連絡事項）

小社の通信、ホームページ等でご紹介させていただく場合がありますのでいずれかに○をつけてください。（掲載時には匿名に する・しない）

お名前《ふりがな》

ご住所
（郵便番号）

電話番号
（Eメール）

購入申込書

書　名	部数

〔三〕独裁官フウォピツキの声明（一八三〇年十二月六日）

同胞諸君！　ポーランド王国の首都で最近起きた異常な事件は、尋常ならぬ対応を迫っている。行政評議会は、新たな増員にも関わらず、差し迫った国内の状況を打開できなかった。その後つくられた行政評議会執行部も、またその崩壊後にできた臨時政府も、国民の期待に応えることはできなかった。団結と同意を欠いていたのだ。力強い手で国家の手綱を掌握し、消滅しかけている政府に生命と活動を与えるような者はいなかった。傷を癒し、多くの不幸を防ぎ、公共の財産を守るために必要なあらゆる決定に影響を与えうる者は、最初からいなかった。政府がこれまで続けてきた努力や愛国的行為はすべて無駄になった。政権は混乱し、その結果としてあらゆる考えが一つにまとまらず、障害は非常に大きい。

これらの混乱に加え、国内では対立が目立っている。様々なクラブ*が作られた。新たにできたどのクラブも、請願というより命令をつきつけている。彼らは混乱の中で様々なことを試み熱心に努力しているにもかかわらず、国を崩壊させかねぬ悪を終わらせることは考えていないのだ。

こうした状況下で、誠実な市民たちが不安を感じているのも無理はない。敵を前にして少しもひるまぬ我が軍の戦士たちさえ、嘆かわしい無政府状態を憂いている。

同胞諸君！　私は青年時代を兵舎で過ごし、多くの人々と召集され、外国では祖国の自由を自らの血で購わねばならぬことを学んだ。いくつもの革命を目撃した私は、我々が直面しているような緊急事態において民族の最後の希望となるのはただ、共通の財産への愛情であることを知っている。人心が一つにまとまらない時、無力なことを私は知っている。命令を聞き慣れた私は、必要な時には命令しなければならないことを学んでいる。

こうした状況のもとで私は、祖国を救うために権力を行使するよう命じられた。それは、政府が私に委ねた軍最高司令官の地位である。これまで私の行動指針となってきた良心の声により、政権を救う唯一の手段として私自身が一時的に最高権力を担うことを決意した。

召集された議会の次なる決定まで、私は独裁官たることを宣言する。

私はこの権力を、国民の幸福のためにのみ行使することを約束する。老いた兵士たる私は約束を守ることができる。祖国の繁栄こそがこれまで私の唯一の理想であり目的であった。今もそれは私の目的であり、そのために今後も努力することを誓う。

私が第一歩を踏み出すのを熱狂的に受け入れた軍隊と首都の人々は、私の曇りなき意図が国全体から正当性を与えられることを期待している。私に権力を委ねた議会は、私の仕事を評価するであろう。もしも私が政府や民間の人々から情熱と徳を得られるならば、私の短い統治期間に公共の財産が失われるようなことはないという、議会や国の希望が裏切られることはなかろう。

あらゆる年齢と職業の同胞諸君！　我々の将来は、先祖から引き継がれてきた祖国への愛情のために諸君が協力することにかかっている。それゆえ将来も我々がそれを守りうると確信している。我々が求めるのは、隣接する強大な国々の平穏を乱すことではなく、ある国が他の国と混同されないような、有益な原則を保ちたいだけなのだ。ヨーロッパで最も影響力のあるフランスやベルギーの国民が国内の体制を整えつつある今、我々ポーランド人は二つの世界で粘り強く自由のために戦っている。敵すら驚くような不幸を経験し勇敢さを示した我々が、全世界が認めた自由の約束を厳守せよと要求するのを犯罪行為と非難されるのではないかと怯えねばならないだろうか。隷属状態やスパイ行為、迫害からのがれたいという欲求を、不忠だと決めつけられるのではないかと恐れねばならないのだろうか。ポーランド人は信義を守りうるのだ。

かつてヨーロッパ全体が、勝ち誇った双頭の鷲の前にポーランドが従うことを認めた時、忠実だが不幸なポーランド軍は最後まで打ちのめされた君主を囲んでいた。しかし、憎き敵があらゆる限度を越えた時、堕落した政府の偽の情報のせいで真実が総督に届かなかった時、また、新たに来た貪欲なおべっか使いが、気前よくばら撒かれた報償をあてにして、我々に自由の代わりに新たな枷を嵌めようとした時、我々の蜂起はこの上ない正当性を得た。欺かれたことを国王が悟った時も、国王は真実を理解できなかった。

我々は立憲的自由を行使するためにすべてを犠牲にし、我々がそれにふさわしいことを示さねばならない。祖国万歳！

＊当時、「クラブ（原語は klub）」という語はポーランド人社会では一般的ではなく、政治的な小組織を連想させる

ものだった。この時期、保守的指導層の間では「クラブ」というと主に愛国協会やその支部を指した。

［四］ニコライ一世の廃位に関する議会の決議（一八三一年一月二五日）

これは一八三一年一月二五日、ワルシャワの両院合同議会において決定されたことである。神聖かつ厳粛な契約は、両国*によって誠実に守られる限り、不可侵である。全世界の知る長きにわたる我々の忍苦と、二人の君主**がそれぞれ誓いを立て保障したにもかかわらず自由が幾度も侵害されたことにより、ポーランド国民のニコライ一世への恭順の念は失われた。我々の側からの最初の攻撃はポーランド消滅の合図になろうという、皇帝ニコライその人の最後に発した言葉は、被害を軽減せんとするあらゆる希望を我々から奪い、深い絶望の淵へと追いつめた。

ゆえに、召集された議会においてポーランド国民は次のように宣言する。我々は独立した民であり、ポーランドの王冠をそれにふさわしい人物に委ねる権利を持つ、と。その人物とは、誓約された信条と自由を遺漏なく遵守し、自由をこの上なく尊ぶ者でなければならない。

＊ロシア帝国とポーランド王国。／＊＊アレクサンドル一世とニコライ一世。

［五］政府に関する決議（一八三一年一月二九日）

議会委員会が提出した計画について、本年一月二五日の両院合同議会における決議によりロシア皇帝との政治的関係が断たれたことに鑑み、さらには臨時政府の決定を必要と確信したことから、元老院と代議院は以下のように決議する。

〈第一条〉ポーランド王国憲法第一部および第三部第二章、加えて統治規約*や他の法令および決定に含まれる関係諸規約、なかんずく皇帝・国王の血縁者である公侯に関する一〇八条は、爾後、効力を持たない。

〈第二条〉同憲法にあるその他のあらゆる規約、加えて統治規約や他の法令や決定に含まれる関係諸規約は、本議会の特別な決定により変えられるか破棄されぬ限り、不変である。

〈第三条〉現在の国王空位下において、憲法第三部第一、三、四章はその効力を持たぬが、第七八、七九、八〇、八二条は有効である。同じく、国王自身とその家族、およびその特権について記されたあらゆる条項は、新国王の選出まで効力を持たない。

〈第四条〉現行法の定める限り、立憲君主制の執行権はポーランド王国国民政府に委ねられる。その執行権には両院も与る。

〈第五条〉国民政府は、首相と四名の構成員から成る。彼らは他の政務に就いてはならない。彼らが元老院または代議院の議員である場合、自らの任期中は議席に就けない。首相不在時には、選挙における最多票獲得者が代行する。政府の活動は少なくとも三名以上で行われ、多数決により決定される。票が同数に分かれた場合は、選挙における最低票獲得者が譲歩しなければならない。本年一月二四日の議会決議第十条に従い、軍司令官が入閣するような場合には、選挙における最低票獲得者がその席を譲らねばならない。

〈第六条〉国民政府首相の選出と同様、候補者の選出は両院合同議会において次のような方法で行われる。まず、各構成員は用紙に首相にふさわしいと思う者を二名記し、提出する。用紙に記された氏名のうち、最多数を獲得した者が候補者となる。その中から、本年一月二二日の決議に従って首相が選ばれる。首相選出後、各構成員が政府の構成員にふさわしいと考える者四名を用紙に記す。最多数を獲得した者八名の中から政府の構成員が選ばれる。

〈第七条〉一八三〇年十一月二九日後、大法院、第一審法廷、役所の公文書はすべて、国民政府の名で発行すべし。ただし、他の名ですでに発行されている文書や判決などはこの限りではない。貨幣や印璽は政府が定めた国の印をつけること。政府は法令や決定を公表する義務を負う。

〈第八条〉予算に関し、国民政府は国家財政を管理し、議会の承認を得ねばならない。

〈第九条〉友好協定や援助協定、貿易協定、財政上必要となる国内外からの借款に関しては、国民政府が権限を有する。他のあらゆる協定も国民政府が結ぶが、議会の批准を必要とする。

〈第十条〉議会不在の場合、国民政府は、軍の副司令官、旅団長以上の上級将校、および最高司令官の任命を行う。また、大臣、国家評議会員および国家調査官、独立の政府委員会に始まる上級官庁の長や構成員、検察官、全法廷の裁判官、各県の長や高官、外交官、行政官庁の全官吏（政府委員会の各部長も含む）、さらには、王の任命を必要とする司教以下のあらゆる聖職者の任命権を持つ。大学学長の選出、官吏の解任と解任取消の権利も有する。下級官吏に関しては、政府は当局に委任する。

〈第十一条〉議会は元老院が提示した者の中から元老院議員を選ぶ。一議席につき候補者は二名とする。司教および会計院の長の選出方法も同様とする。

〈第十二条〉国民政府は、刑罰を科したり軽減したりする特赦付与権を有する。ただし、国家犯罪に対する刑罰は除く。その場合、国民政府の提案に基づき、議会のみが特赦を与えられる。

〈第十三条〉一八三一年一月二四日の議会決議第五条（最高司令官の勲章授与）の補足として、国民政府は最高司令官に二つの軍務最高十字勲章を授けること。

〈第十四条〉法の決定や執行は、内容に応じ、宗務公教育、法務、外務、内務警察、軍務、財務の各省に任せられる。国民政府のあらゆる決定は、それを有効とするために、首相の署名ならびに内容に適した大臣一名による副署を必要とする。大臣は、国民政府に召喚されるか、国民政府における審議権を有する。

＊統治規約とは、ポーランド王国憲法起草のさいに、アレクサンドル一世が議会の承認なしに自分の意志を統治に反映できるように設けられた規約のこと。

［六］宣誓に関する議会の決議（一八三一年二月八日）

議会委員会が提示し説明した計画について、元老院と代議院はポーランドに最もふさわしい政治形態をヨーロッパ諸国に表明する必要性を考慮し、なかんずく国王の空位という現状および前国王及びその後継者に対する宣誓の無効を鑑みて、祖国とポーランド国民に対する忠誠の誓いが、ポーランド王国の住民各自に不可欠な義務であると認める。それは、以下のようになされることが決定された。

〈第一条〉　国民の名において議会は、以下のことを承認する。立憲代表制君主国たる君主の継承者とその家族には、国王の空位下においてもその国家形態は厳格に守られ、それを侵す者は何者であれ罰せられるという要請に応えうる者が選ばれること。

〈第二条〉　議会に代表される国民が王を選ぶ前に、国民の代表であり主権を有する議会に対して国民は宣誓を行うこと。聖職者、軍人、公務員、共同体及び都市、ポーランドのあらゆる住民は、以下の宣誓文を読み上げること。「祖国ならびに議会に代表されるポーランド国民に忠誠を誓います。議会が定める政権以外は決して認めないことを誓います。ポーランド国民の存在、自由、独立に向けた国民の蜂起を全力で支援することを誓います。」

〈第三条〉　各県、各郡、各都市において、国民蜂起文が記された文書*が公開されるであろう。そこには、上記の条項にある宣誓文が載せられ、宣誓を行った人物の自筆署名が付される。それは祖国復活事業への参加を永久に記念するものとなろう。この文書は公開後、遅くとも六週間後には首都に送られ、元老院文書館に収められる。

＊この文書には、史料〔三〕および〔五〕第二条の宣誓文が、文書の到着地と到着日とともに記される。各地の住民とくに聖職者や軍人、公務員は文書への署名が義務づけられる。蜂起終結後、この文書はロシアの官憲によって蜂起協力者を割り出すために利用された。

〈史料出典〉

〔一〕 *Wybór tekstów źródłowych z historii Polski w latach 1795-1864*, opracowali S.Kieniewicz, T.Mencel, W.Rostocki, Warszawa 1956, s.393-394.

〔二〕 *Wiek XIX w źródłach, Wybór tekstów źródłowych z propozycjami metodycznymi dla nauczycieli historii, studentów i uczniów*, Warszawa 2001, s.181.

〔三〕 *Wybór tekstów*, s.406-408.

〔四〕 *Ibid.*, s. 421.

〔五〕 Adamczyk, Mieczysław, Pastuszka, Stefan, *Konstytucje polskie w rozwoju dziejowym 1791-1982*, Warszawa 1985, s.131-134.

〔六〕 *Ibid.*, s.134-135.

おわりに

十一月蜂起の歴史的意義を考察するにあたり、ポーランド人の間でこの蜂起がどのように捉えられてきたかについて簡単にまとめておきたい。

十一月蜂起後、国外に亡命した人々は、蜂起の意義や敗因などについてさかんに論じあった。愛国協会に代表される急進派の人々は、蜂起を積極的に評価した。レレヴェルは蜂起の開始を、「目的に至るための大胆な、だが不可欠な第一歩」であったとしている。モフナツキは、「十一月二九日は、わが民族にとって最も名誉ある記憶として永遠に残るであろう」と称えている。

急進派の人々はまた、軍や政府の指導者たちを厳しく批判すると同時に、蜂起の敗因を、農民問題の解決を拒否したシュラフタのエゴイズムにあるとした。農民問題の解決を怠ったがゆえに蜂起は広範な社会層の支持を得られず敗北したとする説は、その後も引き継がれた。その反省のもとに急進派の人々は、クラクフ蜂起（一八四六年）や一月蜂起（一八六三～六四年）において、農民解放をスローガンとし、身分差のない民主的な独立国家の設立をめざした。しかしポーランド王国内では一八六〇年代に入っても農民解放に反対する地主は多く、一月蜂起では、蜂起勢力による解放実施の遅れが敗北の一因となった。一方国外では、専制ロシアと戦うポーランド人の姿は、ヨーロッパの社会主義運動や民族運動の中で称えられた。一月蜂起への支援が第一インターナショナル結成のきっかけになったことは良く知られる。

急進派と異なり保守派の人々は、十一月蜂起の開始について否定的に捉えていた。国外に亡命したヴワディスワフ・ザモイスキは、「王国に憲法があった以上、侵害されたとしても、合法的にそれを守るべきだった」としている。蜂起に対する批判は、国内に留まった人々の間でとくに強かった。保守派の元老院議員であったカエタン・コジミャンなどは、蜂起を「愚か者と不器用な青二才による仕業」とまで決めつけている。

一月蜂起敗北後、自治権を失ったポーランド王国地域では、厳しい弾圧政策のもとで、蜂起批判の論調が強まった。保守派のヘンリク・リシツキは、「(十一月蜂起時の)議員の大部分は深く考えもせず、高尚な目的もなく、つまらない野望を満たすためにロシアと戦争を始めた」とする。イェジ・モシンスキなどは、「独立ポーランドの復興要求そのものが間違っていたのだ」としている。

歴史家の間でも武装蜂起を批判的に論じる者が増えた。クラクフ学派に属するヴァレリアン・カリンカは、十一月蜂起の「不幸の源は決起した非合法組織にある」と断じ、ミハウ・ボブジンスキは、「地下活動家らが退路を断ったことは、児戯に等しい」とする。ルベツキの政策についての大著を著したスタニスワフ・スモルカは、レレヴェルを、「楽観主義という麻薬で国民を酔わせた」と批判している。

十一月蜂起を肯定的に捉える論調が王国地域で再び強まったのは、二〇世紀初頭、ピウスツキら社会党独立派においてである。「はじめに」で引用したシリフィンスキがその代表である。彼と並んで大戦間期の十一月蜂起研究で欠かせない歴史家が、ヴァーツワフ・トカシである。彼は独立戦争に参加し、独立後も軍隊に残り、退役後に大著『ポーランド・ロシア戦争』(一九二八年初版)を出版した。

第二次大戦後の社会主義ポーランドでは、十一月蜂起を「保守的革命」とするフリードリヒ・エンゲルスの論を継承しつつ、農民問題など社会経済的側面を中心に、実証的研究が続けられた。

ところで、外国の歴史家には、ポーランドの政情に関係なく、冷静かつ客観的に蜂起を捉える者も多い。イギリスのノーマン・デイヴィスは、著書の中で次のように書いている。「十一月蜂起の悲劇は、実はほとんど不要なものだった。制度的弾圧によって引き起こされた一七九四年や一八六三年、一九〇五年の事件に比べて、一八三〇年から翌年にかけての事件は、ポーランド人の多くが分割期のどの時期よりも大きな自由を享受していた時代に起きたのである。」(一九八一年)

ポーランド人歴史家の叙述も、時代とともに客観的になっている。マリアン・ズグルニャクは、もしも十一月蜂起が起こらなければ、ロシア領下のフィンランド大公国のようにポーランド王国でも自治が保たれ、ポーランド人の生活はより楽だったかもしれないとしている(二〇〇一年)。

ピョートル・ピラルチクによれば、十一月蜂起の叙述ではポーランド人の民族意識を支えたとする肯定的な面が繰り返され、「こうすべきだった」のになされなかったという「神話」がつきまとっている(二〇一五)。その好例が、イエジ・ウォイエクの著書『十一月蜂起のチャンス』(一九六六年初版)である。彼は、蜂起には勝機が十分にあったのに惜敗した、歴史家は無味乾燥な記述を抜け出し、この事実に目をむけるべきであるとした。ウォイェクに対し多くの歴史家は、蜂起の敗北が必然的だったとして批判を浴びせるが、ピラルチクによれば、彼らの論点にも問題がある。例えば、王国軍の戦略の誤りは重視するが、ロシア軍の誤りは軽視する、などである。

ピラルチクが指摘するように、歴史叙述は極力客観的であるべきだが、十一月蜂起の動向に様々な可能性を見出せるということは、それだけ蜂起に勝機があった、少なくともゼロではなかったことを示しているだろう。保守派の論客のように、ヴィソツキらが社会から孤立した集団であって無謀な計画のもとに決起したというだけならば、蜂起はこれほど大規模に、長期間続かなかったであろう。本文でみたように、蜂起を歓迎する人々の中には高位聖職者のような社会的に大きな影響力のある者もいた。蜂起直前のポーランド人社会の中には、失われた祖国を取り戻したいという願望が満ちており、ヴィソツキらの行動はその表出への導火線となったと言えよう。

十一月蜂起はまた、「ポーランド・ロシア戦争」とも呼ばれる。その規模は、ワーテルロー以来とされるほど大きなものだった。蜂起政府は、戦争に備え都市住民を動員した。農民改革は行わなかったものの、平民動員令も出した。官吏や聖職者に対して、蜂起政府に忠誠を誓わせる宣誓文に署名させた。不完全であるものの、社会全体を動員しようとするこれらの政策には、蜂起を「国民の戦争」へと変えようとする意志が強く表れている。それは、ポーランド人が独立国家を運営する力を十分持つことを内外に示すものであった。その記憶はまた、王国軍がヨーロッパ最強のロシア軍に苦戦を強いたという記憶とともに、ポーランド人の民族的誇りを支えるものとなった。歴史家のステファン・キエニエーヴィチは、「ポーランド人は十九世紀、『外国の支配のもとで、ポーランド人であり続けられるのか?』という根本的な問いを自らに課さざるを得なかった」としている(一九八二年)。国家なき時代、十一月蜂起の記憶がこの問いに答えるための拠り所であったことは紛れもない事実であろう。だからこそこの蜂起は時代を超えて語り継がれているのである。

本書の史料の翻訳にあたり、白木太一氏(大正大学教授)に査読をお願いした。史料や文献に関しては、在パリ・ポーランド図書館友好協会のアンジェイ・ビエルナト氏、ウォムジャ県立図書館のボジェナ・マリノフスカ氏に貴重な助言を頂いた。出版には、群像社の島田進矢氏、ポーランド広報文化センターにお世話になった。深く感謝申し上げる。最後に、筆者をポーランド史研究に導いて下さった恩師の故阪東宏先生のご冥福をお祈りするとともに、謝意を捧げたい。

[主な参考文献]

・Adamczyk, Mieczysław, Pastuszka, Stefan, *Konstytucje polskie w rozwoju dziejowym 1791-1982*, Warszawa 1985.

・Barańska, Anna, *Kobiety w powstaniu listopadowym, 1830 -1831*, Lublin 1998.

・Barzykowski, Stanisław, *Historya powstania listopadowego*, t.1-5, Poznań 1883 -1884.

・Chłapowski, Dezydery, *Pamiętniki,* Kraków 1986.

・Domański, Tadeusz Edward, *Epoka Powstania Listopadowego*, Lublin 2000.

・Duraund, Raymond, *Depesze z powstańczej Warszawy, 1830-1831*, Warszawa 1980.

・*Dyaryusz Sejmu z r. 1830-31*, wydał Michał Rostworowki, t.1-6, Kraków 1907 -1912.

・Karpińska, Małgorzata, '*Nie ma Mikołaja!', Starania o kształt sejmu w powstaniu listopadowym 1830-31*, Warszawa 2007.

・Kieniewicz, Stefan, *Joachim Lelewel*, Warszawa 1990.

・Kicka, Natalia, *Pamiętniki*, Warszawa 1972.

・Kozłowski, Eligiusz, *Józef Bem, 1794-1850*, Warszawa 1989.

・Kocój, Henryk, *Prusy i Niemcy wobec powstania listopadowego*, Kraków 2001.

・Lewandowski, Władysław, *Uczestnicy powstania listopadowego opowiadają, wybór pamiętników*, Warszawa 1959.

- Lelewel, Joachim, *Wybór pism historycznych*, Wrocław 1950.
- Łepkowski, Tadeusz, *Warszawa w powstaniu listopadowym*, Warszawa 1965.
- ———, *Piotr Wysocki*, Warszawa 1972.
- ———, *Poswstanie Listopadowe,* Warszawa 1987.
- Łojek, Jerzy, *Szanse powstania listopadowego*, Warszawa 1986.
- Mochnacki, Maurycy, *Powstanie narodu polskiego w roku 1830 i 1831*, tom 1, 2, Warszawa 1984.
- ———, *Pisma krytyczne i polityczne*, tom 1, 2, Kraków 1996.
- Niezabytowski, K.J.A., *Pamiętniki moje, Warszawa (period rewolucyjny)*, Warszawa 1991.
- Norman Davies, *God's Play-Ground, A History of Poland*, vol.2.
- *Nurty lewicowe w dobie polskich powstań narodowych 1794 - 1849 – Wybór źródeł*, opracował J.Kowecki i inni, Wrocław 1961.
- *Pamiętnik Andrzeja hr.Zamoyskiego*, tom1, Kraków 1911.
- *Pamiętnik Piotra Wysockiego o powstaniu 29 listopada 1830 roku*, tom 1,2, Paryż, 1867.
- *Powstanie Listopadowe, 1830-31, Dzieje wewnętrzne, Militaria, Europa wobec powstania*, pod red. Władysława Zajewskiejgo, Warszawa 1980.
- *Powstanie Listopadowe 1830-31, Geneza, uwarunkowania, bilans, porównania*, pod red. Jerzego Skowronka i Marii Żmigrodzkiej, Wrocław 1983.
- *Powstanie Listopadowe a problem świadomości historycznej*, pod red. Lecha Trzeciakowskiego, Poznań

1983.
・*Powstanie Listopadowe 1830-1831, Dzieje, Historiografia, Pamięć*, redakcja Tadeusz Skoczek, Warszawa 2015.
・Prądzyński, Ignacy, *Zaprzepaszczone szanse, wybór myśli politycznych i społecznych*, Kraków 1986.
・Przewalski, Stefan, *Józef Grzegorz Chłopicki, 1771-1854*, Warszawa 1995.
・Rusinowa, Izabella, *Pana Juliana przypadki życia, JulianUrsyn Niemcewicz, 1797-1841*, Warszawa 1999.
・Rybiński, Maciej, *Moje przypomnienia od urodzenia, pamiętniki Macieja Rybińskiego ostatniego wodza naczelnego powstania listopadowego*, Wrocław 1993.
・*Rok 1830-1831, wspomnienia i obrazy*, zebrał Artur Oppman, Warszawa 1916.
・*Sejm Królestwa polskiego o działalności rządu i stanie kraju 1816-1830*, opracowały J.Leskiewiczowa i F. Ramotowska, Warszawa 1995.
・Skowronek, Jerzy, *Adam Jerzy Czartoryski, 1770-1861*, Warszawa 1994.
・———, *Od Kongresu Wiedeńskiego do Nocy Listopadowej*, Warszawa 1987.
・Smolka, Stanisław, *Polityka Lubeckiego*, tom 1,2, Warszawa 1983,1984.
・Stolarczyk, Marian, *Wybór tekstów źródłowych z historii Polski w latach 1795-1864*, tom 1, Rzeszów 1999,
・Strzeżek, Tomasz, *Warszawa 1831*, Warszawa 2010.

- Szoptański, Stanisław, *Powstanie Listopadowe, 1830-1831*, Warszawa 1930.
- Śliwiński, Artur, *Powstanie Listopadowe*, Warszawa 1930.
- Świętowski, Józef, *Pamiętnik ostatniego dowódcy pułku 4 piechoty liniowej*, Warszawa 1982.
- Tokarz, Wacław, *Sprzymiężenie Wysockiego, Noc Listopadowa*, Warszawa 1980.
- ———, *Wojna polsko-rosyjska 1830-31*, Warszawa 1994.
- Wroński, Andrzej, *Powstanie Listopadowe na Wołyniu, Podolu i Ukrainie*, Warszawa 1993.
- *Wiek XIX w źródłach, Wybór tekstów źródłowych z propozycjami metodycznymi dla nauczycieli historii, studentów i uczniów*, Warszawa 2001.
- *Wybór tekstów źródłowych z historii Polski w latach 1795-1864*, opracowali S.Kieniewicz, T.Mencel, W.Rostocki, Warszawa 1956.
- *Wybór źródeł do powstania listopadowego*, opracował J.Dutkiewicz, Wrocław 1957.
- Wysokiński, Jan, *General Ignacy Prądzyński*, Warszawa 1985.
- Zajewski, Władysław, *Powstanie Listopadowe, 1830-31*, Warszawa 1998.
- Zamoyski, Andrzej, *Moje przeprawy – o czasach powstania listopadowego(1830-1831)*, Kraków 1911.
- Zdrada, Jerzy, *Historia Polski, 1795-1914*, Warszawa 2007.
- Zgórniak, Marian, *Polska w czasach walk o niepodległość (1815-1864)*, Kraków 2001.
- Zwierkowski, Warlenty, *Rys powstania walki i działań Polaków 1830-1831 roku*, Warszawa 1973.
- Żółek,Sebastian, *Sejm Królestwa Polskiego w okresie powstania listopadowego 1830- 31*, Warszawa

2007.
・Żurawski vel Grajewski, Radosław Paweł, *Działalność księcia Adama Jerzego Czartoryskiego w Wielkiej Brytanii (1831-1832)*, Warszawa 1999.

・『ショパン全書簡一八一六―三一年　ポーランド時代』ゾフィア・ヘルマン、ズビグニェフ・スコヴロン、ハンナ・ヴルブレフスカ＝ストラウス編、関口時正、重川真紀、平岩理恵、西田諭子訳、岩波書店、二〇一二年
・ステファン・キェニェーヴィチ『歴史家と民族意識――ポーランドの民族的伝統についての省察』阪東宏訳、未来社、一九八九年
・池本今日子『ロシア皇帝アレクサンドル一世の外交政策』風行社、二〇〇六年
・梶さやか『ポーランド国歌と近代史――ドンブロフスキのマズレク』群像社、二〇一六年
・山田朋子『ポーランドの貴族の町――農民解放前の都市と農村、ユダヤ人』刀水書房、二〇〇七年

・口絵１　*Souvenirs de la Pologne, historiques et litterers polonaise*, Paris 1833.
・本文 14　J.グウォヴァツキ画（ポーランド軍事博物館蔵）
・口絵２（在パリ・ポーランド図書館蔵）
http://polishfreedom.pl/en/document/the-parliamentary-resolution-re-dethronement-of-tsar-nicholas-i

所収図版一覧と出典

カバー表　「グロフフの戦い」(W. コサック画。1931 年の複製)。ワルシャワ国立博物館蔵

カバー前そで　「議会の旗」(議場に掲げられていたもの。レレヴェルによって国外に持ち出された)

カバー後そで　「国民政府発行の銀貨」(1831 年発行。中央に白鷲と騎士の国民政府の印が描かれている)

扉　「武器庫占拠」(M. ザレスキ画) ワルシャワ国立博物館蔵

口絵

1．「ニコライ一世廃位決議」版画 (F. ヴィラン画。パリ、1833 年)

2．「ニコライ一世廃位決議文書」原文 (在パリ・ポーランド図書館蔵)

3．「ソヴィンスキ将軍の最期」(W. コサック画。1922 年の複製) ワルシャワ軍事博物館蔵

4．「国境を越える将兵“Finis Poloniae 1831”」(D. モンテン画) ベルリン国立博物館蔵

5．「大鎌を持つ蜂起兵」

6．地図「ポーランド王国と十一月蜂起　関連地図」

〈出典〉

・カバー前袖、後袖、口絵5、本文図 1, 2, 3, 4, 6, 7, 8, 9, 10, 11, 13, 15, 16, 17, 18　Zgórniak, Marian, *Polska w czasach walk o niepodległość (1815-1864)*, Kraków 2001 より転載。

・地図 1　*Powstanie Listopadowe, 1830-31, Dzieje wewnętrzne, Militaria, Europa wobec powstania*, pod red. W. Zajewskiejgo, Warszawa 1980, s. 26; J. Zdrada, *Historia Polski, 1795-1914*, Warszawa 2007, s. 163　を参考に筆者作成。

・本文図 5　J. N. ジリンスキ画 (ワルシャワ大学図書館)

・本文図 12　梶さやか『ポーランド国歌と近代史』群像社、2016 年、59 頁。

山田朋子（やまだ ともこ）
静岡県生まれ。1990年、明治大学文学部文学研究科博士課程満期修了。文学博士（明治大学）。専門はポーランド近現代史。明治大学、国士舘大学、専修大学非常勤講師。著書に、『中東欧史概論』（鳳書房、2001年）、『ポーランドの貴族の町―農民解放前の都市と農村、ユダヤ人』（刀水書房、2007年）。訳書に、カロリナ・ランツコロンスカ『独ソ占領下のポーランドに生きて―祖国の誇りを貫いた女性の抵抗の記録』（明石書店、2018年）。共著に、『ポーランド史論集』阪東宏編（三省堂、1996年）、『ヨーロッパ史の新地平―ポーランドからのまなざし』中山昭吉、松川克彦編（昭和堂、2000年）などがある。

Niniejsza publikacja została wydana w serii wydawniczej
„Źródła historyczne do dziejów Polski"
w ramach „Biblioteki kultury polskiej w języku japońskim"
przygotowanej przez japońskie NPO Forum Polska,
pod patronatem i dzięki finansowemu wsparciu wydania przez Instytut Polski w Tokio.

本書は、ポーランド広報文化センターが後援すると共に出版経費を助成し、
特定非営利法人「フォーラム・ポーランド組織委員会」が企画した
《ポーランド文化叢書》の一環である
《ポーランド史叢書》の一冊として刊行されました。

100. rocznica nawiązania stosunków dyplomatycznych między Japonią i Polską (1919 - 2019)
日本・ポーランド国交樹立 100 周年（1919～2019）記念事業

ポーランド史叢書 6
十一月蜂起《じゅういちがつほうき》とポーランド王国《おうこく》
2019 年 12 月 13 日　初版第 1 刷発行

著　者　山田朋子

発行人　島田進矢
発行所　株式会社　群像社
神奈川県横浜市南区中里 1-9-31　〒232-0063
電話／FAX　045-270-5889　郵便振替 00150-4-547777
ホームページ http://gunzosha.com E メール info@gunzosha.com
印刷製本　モリモト印刷
カバーデザイン　寺尾眞紀

©Tomoko Yamada, 2019
ISBN978-4-910100-02-9
万一乱丁落丁の場合は送料小社負担でお取り替えいたします。

ポーランド史叢書

1 福嶋千穂 ブレスト教会合同

ISBN978-4-903619-61-3

2 白木太一［新版］１７９１年５月３日憲法

ISBN978-4-903619-67-5

3 梶さやか ポーランド国歌と近代史

ドンブロフスキのマズレク

ISBN978-4-903619-72-9

4 安井教浩 リガ条約

交錯するポーランド国境

ISBN978-4-903619-83-5

5 荒木勝 ポーランド年代記と国家伝承

『匿名のガル年代記』から『ヴィンセンティの年代記』へ

ISBN978-4-903619-92-7

各巻 本体 1500 円（税別）